# 勘察卫士

# 崔政权

刘军 著

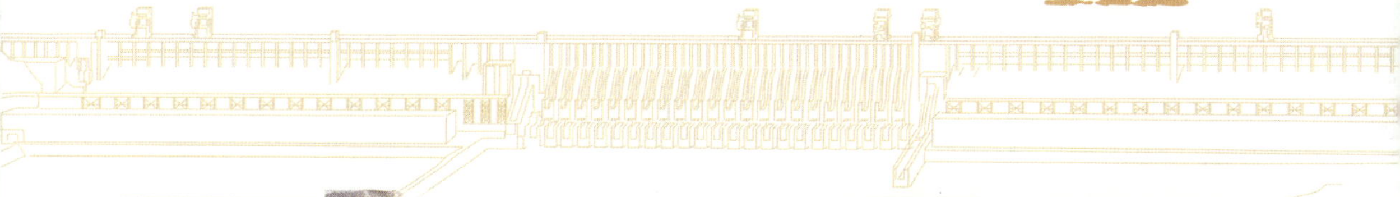

长江出版社
CHANGJIANG PRESS

# 作者简介

刘 军

Liu Jun

中国作家协会会员、中国报告文学理论研究会会员，中国水利作协秘书长、《大江文艺》杂志主编。出版文学作品6部、水文化专著1部：文学评论集《笔印心痕》《笔印思絮》；长篇历史文化散文《瞩目巨龙之舞》；报告文学集《群星闪烁》《天平》（执笔）、《'98长江壮歌》（合著）；水文化专著《水与流域文化》（合著）。先后发表文学评论、水文化论文多篇。作品获得省部级奖励多项，其中报告文学曾获第二届全国水利艺术节文学大赛一等奖、湖北省“楚天杯”文学大赛一等奖（两次）、武汉文学基金奖；水文化论文曾获第三届全国水文化论文一等奖。

# 目录

## 下篇　一个人与他的一生



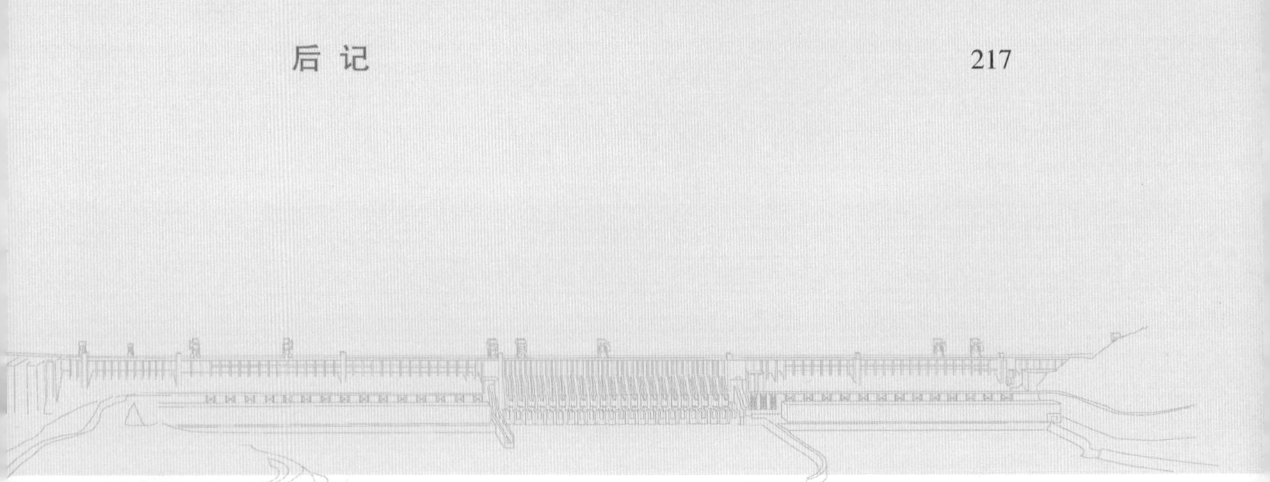

# 引　言

2005 年 12 月 4 日深夜，上海遭遇了十年罕见的寒流。中国工程勘察大师、模范共产党员、水利部科技委委员、长江水利委员会（简称长江委）科技委顾问、长江委综合勘测局原总工程师崔政权身边亲人的心比遭遇寒流还要冷，因为他们眼睁睁地无可奈何地看着他撒手人寰，永远、永远地离开了人世，他那颗不知疲倦的心仅仅跳动了 71 年。他临走前还紧紧拉着女儿的手，嘴唇微微蠕动，是对人世、亲人的依依不舍，还是让他最放心不下的、有关三峡的什么事情没交代完？或是有别的什么挂念……

噩耗传出，近百封唁电唁函纷纷从他单位所在地——江城武汉，从他魂牵梦绕的三峡库区，从国内外许多地方飞到他亲人身边；有的专家学者请假自费乘机、坐火车赴上海为他送行；秭归县人民要给“崔大师”立碑，巴东父老乡亲要为“崔大师”立传，奉节人民要把他们尊敬的“崔大师”写入《奉节县志》……

“崔政权是人生的楷模，事业的典范。”他单位的同志如此动情地说。

早在十几年前，中国地质大学校长殷鸿福院士就如此评价过崔政权：“我们这一代人拼搏的缩影就是你。”

崔政权到底以一种什么样的人格魅力，在事业上取得了什么样的成就，让三峡库区的人民对他如此怀念，让同志们对他如此敬重和佩服，在他仙逝后，人们对他这样追忆？

人们说起永恒，脑海里首先浮现的总是日月星辰、宇宙洪荒，令人向往，令人敬畏。即便如此，也不过是人类的生命短暂到无法见证它们消亡的那一刻。但人们赞美流星，它是燃烧着走完自己的路程。生命的长短可用时间计算，生命的价值用贡献计算。当一个人生命结束后，人们一提起他，还是那样怀念，他就活出了令人敬仰的人生轨迹，就像一颗令人赞美的燃烧的流星，崔政权正是这样的人。

崔政权一生中也许做过许多事，但他主要干了两件大事，一是在世界地

质领域里创造了一个新的体系，二是为三峡库区百万移民找到了一个安稳的家园。也许有人为做成其中一件事，都竭尽毕生心血，他的不凡就在于在这两个领域里都战果辉煌。

笔者曾在 30 多年前写过关于他的报告文学，当走近崔政权后突然发现，他是那样优秀和超群。这次为了写作《勘察卫士崔政权》，采访了一些与他一起为事业而奋斗的同志；再次返回他主要工作的地方，即他重病期间还魂牵梦绕的三峡，采访了不少三峡人。他们对崔政权的敬佩之情，并没有随着时间的推移而衰减，而是随着三峡新城的逐步建成而加深，越发显得珍贵。崔政权为三峡百万移民找到了一个安稳的家,为三峡人民做了一件功在当代、利在千秋的大好事。

三峡大坝这座庞然大物，坝长 3 千米，坝高 185 米，相当于五六十层的大楼那么高。大坝建成后，水位蓄到最高时可达到 175 米，回水到重庆后，将形成长 620 千米的水库区。原库区 13 座县（市）城、129 座集镇需要搬迁，移民 120 余万，这在中外水电史上没有先例。三峡移民的新家将安在何处？家园能否长住久安？由此引出了一个与三峡工程同样举世瞩目的伟大工程 ——三峡移民工程。国务院原总理李鹏曾说过：“三峡工程成败关键在移民。”可见移民工程的重要性。

事业呼唤崔政权，崔政权走进三峡，还在三峡引起了回响。

崔政权到底为三峡库区人民做了些什么，值得三峡人这样感恩颂德？

崔政权究竟在三峡干了些什么，让他还走进了中央电视台被全国人民都认可的《东方之子》栏目，那可是一个“浓缩人生精华”的栏目。这首先要从“一个库区与一个人”的故事讲起。从 10 万年前长阳人点起巴山圣火，到 5000 多年前大溪河边出现手持陶器汲水人的身影，人类很早就在三峡繁衍生息，创造文化，历代文人墨客没少对三峡歌咏赞叹，三峡地区曾诞生很多故事。随着城镇迁建工作的兴起，一个个有关崔政权的故事又在三峡流传着，丰富着三峡的文化宝库。

讲崔政权的人生故事，得先讲讲他与三峡库区的故事。

“一个库区与一个人”之间到底发生了哪些故事？

# 上篇

## 一个库区与一个人

# 第一章　艰难地跨进三峡大门

痕迹，是多情世界里那种独特的情。痕迹是过去现在进行时，是回忆的触摸，是回忆本身，也是回忆的结晶。崔政权一生中最难忘的回忆应该在三峡库区，可这里最初却是不愿接纳他的地方。

## 一、三峡人为何会冷落他

鲁迅先生曾说过：“什么是路？就是从没路的地方践踏出来的，从只有荆棘的地方开辟出来的。”

三峡的“大门”刚开始并没有对崔政权、对以他为代表的长江委工程技术人员敞开。这要从世纪伟人毛泽东谈起。

20 世纪 50 年代初，长江委主任林一山在长江舰上向毛泽东主席汇报治江三个阶段的任务。当林一山谈到要控制洪水必须在上游修诸多包括三峡工程等高坝时，毛主席反问：“那为什么不在这个总口子上卡起来，毕其功于一役？先修这个三峡水库怎么样？”时隔不久，长江委人迈开了向三峡进军的步伐。

党中央听取多方意见后先认为应采用一次建成的低坝方案，水利部指示长江委研究蓄水 150 米方案的可行性。要建三峡大坝了，水蓄起来后，三峡库区旧县城的下半部分将淹没到江里。1983 年 2 月，国家科委就三峡工程低坝方案需要论证的若干重大技术经济问题与各部门交换意见，提出了 7 个技术经济问题，首要的是水库淹没问题。当时，长江委规划设计人员正在进行三峡水利枢纽初步设计工作，也需要 150 米方案实物淹没指标。于是，第二任长江委主任黄友若迅速在长江委组建了库区处，走马上任的第一任库区处处长林仙同志组织完成了三峡库区 150 米实物指标调查任务，三峡库区的家底开始掌握在长江委人手上了，为三峡水利枢纽初步设计工作提供了基础资料。

要建三峡工程的雷声已越来越近，就要在头顶上响起，但情况又有了新的变化。由于三峡大坝 150 米蓄水方案回水不能到重庆，航道还是得不到改善，万吨船队到不了重庆，于是重庆提出上长江委提出的另一个方案，即 175 米方案。

1989 年，三峡工程论证领导小组第十次扩大会议审查通过了 175 米可行性研究报告，国务院对三峡工程可行性报告的移民专题审查通过时指出：淹没实物指标需要重新全面调查。1991 年，长江委第二任库区处处长傅秀堂上任不久，就组织完成了这次调查任务，为三峡水利枢纽 175 米初步设计工作提供了基础的资料，更为以后开展的移民规划提供了家底。

这一任的库区处处长傅秀堂不得不提，他的命运从此与移民工程联系到了一起。在后来编制三峡移民规划时，傅秀堂已任长江委副主任兼长江规划设计院院长了，而且已成为移民专家，他回忆起在库区处的日子，不无感触地说："我来到库区处的最大成绩就是把库区移民专业纳入规划设计的轨道，摆脱原先拍脑袋的行为，使之成为组织行为、规范行为。"笔者曾在 20 世纪 90 年代末出版过一本长篇报告文学《天平》，专门描写长江委库区移民工作者，曾在一节里浓墨重彩地写到了这只库区移民工程技术人员的领头雁。

傅秀堂任长江委副主任时，分管移民工作，为长江委勘测总队※争取到三峡移民工程的地质勘测工作，即新城镇选址工作。这为崔政权等展示才能搭建了一个新平台，但这个过程并非一帆风顺。

※ 后改为长江委综合勘测局，简称"综勘局"。

20 世纪 80 年代，三峡城镇选址由国家城乡建设部负责，地质工作由地质部、湖北省地矿厅负责，涉及三峡库区勘察工作的基层单位比较多。仅以奉节县为例，就有中国城市规划设计研究院、中国建筑西南综合勘察院、四川城乡规划设计研究院、四川省地质矿产局、四川省交通厅、长江港务局、四川省建筑勘察设计院，随后还有铁道部第二勘测设计院、中国地质大学介入。当时的状况是“八仙过海，各显神通”，各把各的关，各唱各的调，标准无法统一，让当地政府无所适从；而长江委只管坝区，库区地质工作参与不多。

那段时间，崔政权卸任长江委勘测总队第四勘测队队长，先到日本留学，学成归来后任长江委勘测总队副总工程师（负责勘测总队生产技术管理）兼水利部能源部长江勘测技术研究所副所长（负责科研管理）。

时间很快到了 1991 年。这一年，崔政权肩上的担子更重了，走到了长江委勘测总队总工程师的岗位。

1992 年是所有参加三峡工程前期工作的同志终生难忘的一年。这一年 4 月，七届全国人大五次会议审议通过了兴建长江三峡工程的决议。《三峡工程大事记》中记载，全国人大通过兴建三峡工程决议后，全国政协副主席钱正英召集三峡工程论证领导小组部分成员和有关单位负责人，再次讨论了长江委提出的《三峡库区移民规划大纲》，并对今后的工作提出了要求，其中一项就是请长江委抓紧做好基础工作及移民规划有关准备工作，其中包括三峡库区移民安置区的地理测绘和库岸稳定的地质勘测工作。

任务说到就到，而且迫在眉睫，分管移民工程的傅秀堂副主任除了继续抓库区处的移民规划修订工作外，将一部分工作重心转移到勘测总队。这天，他将时任长江委勘测总队的总队长陈德基叫到办公室布置任务。陈德基觉得这次任务分量不轻，三峡坝区和库区两大块！他回到勘测总队大楼，连自己办公室的门都没有进，直接走进总工室，见到崔政权的第一句话就是：

“我们的任务来了，而且特别紧迫！刚才，傅主任叫我到他办公室，除了强调加强坝区地质工作外，还新增了三峡库区移民安置区的地理测绘和库岸稳定的地质勘测工作，明确了咱俩以后的分工。他让我以后负责三峡坝区，你负责库区。我们就各尽其责，做好当前的工作吧！”

傅秀堂如此分工是有道理的，他主要是考虑崔政权长期在外业※工作，有丰富的实践经验，三峡库区如此大面积的选址除了要理论的积累，见多识广比什么都重要。另外， 崔政权 1989 年参加长江中上游首批治理县市滑坡泥石流预警选点工作时，不止一次到过三峡，初步了解了三峡的地质状况，且能力已显现。崔政权在三峡泥石流选点过程中，预测到秭归县鸡鸣寺采石场山坡要失稳，建议建立变形监测网。果然，1991 年 6 月 29 日，采石场边坡失稳，垮下来约 60 万立方米土石。因为及时疏散了人员和财产，避免了重大损失。

※ 长江委将在机关外的工作，如野外勘测、水利工地，称为“外业”。

还有一点，傅秀堂也很看重：崔政权是改革开放后长江委首批回来的留学生，不仅勤于思考，还善于总结，回来不久就有论文不断问世。另外，崔政权 1984 年 2 月从日本神户大学毕业后，被分配到水利部能源部长江勘测技术研究所任副所长，从事科学研究和管理工作，参加和主持国家“六五”、水电部“七五”重点攻关课题研究。尤其是 1987—1989 年，他从事的水电部“七五”重点攻关课题“系统工程地质与岩土工程研究”成果，总体国内领先，首创了岩体水力学和岩溶作用平衡理论。1989 年，他发表了论文《长江三峡工程库区地质环境与环境地质》，后来被作为移民工程城镇迁建工程初步依据文献。这些都是傅秀堂代表长江委将如此艰巨的三峡库区城镇选址

任务交给崔政权的原因。多少年过去后，傅秀堂由衷地庆幸自己选对了人。

听到陈德基局长转告上级领导的指示，崔政权想都没有想，就答应了下来：“可以，我负责库区吧！”

事实证明：三峡人因有崔政权而有幸，崔政权也因三峡工程而幸运，将事业推向了辉煌，让人生大放异彩。

这是一个责任重于泰山的任务。崔政权接受任务后，义无反顾地朝三峡走去。他没有想到，从此自己下半生的命运就与三峡的山山水水连到一起了，与百万三峡人民的命运连到一起了。

崔政权刚进三峡时，三峡人并不欢迎他。20多年后，傅秀堂出版了一本书，名为《三峡大移民——时空隧道穿越记》，里面记载了这一过程：

> 根据上级部门的安排，需要测绘三峡库区的1：10000地形图，忠县以西为四川省测绘局负责，忠县以东由长江委负责，但只有225米高程以下的地形图，实际是比河槽高一点的地形图，远远满足不了移民安置区环境容量分析和移民安置规划的需要。地质工作满足不了城镇选址、新城规划的需要，我当时很着急，布置综勘局宜昌工地勘测人员进驻库区开展工作，但下面的同志并不积极，一是对单位来说，没有经费；对个人来讲，只是多做事而已。我当时做他们的思想工作时叫他们看远一点。由于没有经费，地方并不欢迎。崔大师是积极分子，但下去竟无人接待。

20多年后，长江委地质专家吴玉华回忆起当时的情景十分感慨：

> 我们是1992年冬天到香溪边上的兴山县的，我记得很清楚，那天正下着大雪。崔总带着我和吴永锋首先到县政府招待所住下。第二天早上，县里派了一个办事员陪我们吃了早饭后，就把我们晾到那里，不理我们了。我们主动跟他们联系，讲明选址的重要性。后来，县里终于叫了一个管移民工作的副县长和我们一起到现场查勘，交换了意见。经过几次接触，认为我们不是混饭吃的。后来，我们和兴山县的关系最好。

何止是在兴山，崔政权他们在三峡多个县都遭到冷遇。这种冷漠也可以理解。当时400亿的移民经费还没有切割，位于葛洲坝库区的县还在用葛洲坝水利枢纽回水造成淹没损失补助经费运作这项工作，有的县没有这方面的专项经费，开支更无法列入其他预算。三峡工程当时又处在不上不下的状况。可是自从150米低坝方案确定以来，多个与移民迁建选址相关的地质勘测队、勘测设计院走马灯似的在三峡出出进进，县领导付出精力不说，安排相陪的人力不说，光接待费就让县财政不堪重负，有的县甚至拿着发票直接到三峡工程建设委员会移民局报销。县领导感到压力太大，不知何时了啊！

还有，地方上绝大多数人包括领导都没有认识到地质工作的重要性，不就是选个新城址吗，选个适合建房的地方就行了，哪那么多事？崔政权后来在接受《东方之子》栏目记者采访时也谈到了他刚到三峡时的处境：

“你一来，他们并不知你来干什么，他们是不理解的。首先是要干，干到后来，他们才能理解了。

“第二个问题是让地方上知道选址的必要性。按照常规的做法，老百姓愿意将房子建到哪里，就到哪里，没有考虑所迁建的地基稳不稳。后来是我们选的这个地方靠不靠得住，这是他们最担心的。”

三峡工程不上不下时，移民迁建工程自然很难推得动。当要兴建三峡工程的雷声由远而近地向三峡迫近时，三峡人希望走出关键的一步。反正县城早晚都是要迁建的，早建比晚建好。新城镇早点建设到位，各行各业才能持续发展。否则这不上不下的，人民的生活无法安定，生产无法推进，城镇更谈不上发展。

还有一点，三峡人真希望借三峡移民工程之力，早点实现脱贫致富的目的，当然致富不能速成，需要时间和过程。但国家给的400亿里包含着城镇迁建经费，最起码居住条件可以先得到改善。笔者在三峡水库蓄水前，游玩过后来已淹没到江里的几个老县城的沿江地段。当客轮停靠码头后，游人们沿着船码头的石阶路上去走进县城，县城给人的感觉老得满目沧桑，用石块铺就的扁担街一条连着一条。街两边商铺的商品倒是琳琅满目，但商店房屋

木制的还不少，估计是爷爷的爷爷辈留下的。县城的砖瓦房虽然很多，但造型单一，楼层也不高。笔者没有去过三峡农村，但借着《东方之子》的镜头看到了农村的住房。在《东方之子》电视片里，有一个镜头是崔政权用手深情地摸着一个裂着深缝的泥巴墙的墙壁，那是还没有淹没的农民住房。这样的居住环境淹入水里不会让人感到可惜，三峡人应该借助于修建三峡工程国家偿还的迁建费，早一点改善居住条件，在住房上先达到小康水平。

## 二、一切取决于纲举目张

国家完全了解这一切的一切，百万移民曾牵动过多少领导人的心。三峡人为国家做贡献，国家会拿出最佳方案安置三峡人。

在国务院的领导下，与此相关的工作正在紧锣密鼓地进行。1993 年 1 月，国务院三峡工程建设委员会（简称“三建委”）成立了，这是国务院领导三峡工程建设和移民工作的高层次决策机构。委员会下设办公室和三峡工程移民开发局。以后，凡是与三峡工程和三峡移民相关的工作都有主管部门了。三建委成立以后，从 3 月开始每个月都有与三峡工程（包括移民工程）有关的会议或活动。

6 月 1 日到 3 日，曾是三峡工程论证主战场的北京京西宾馆大会议厅座无虚席，三建委在这里主持召开 1993 年移民计划工作会议。会议由国务委员陈俊生主持，最终目的是：积极为 135 米以下移民搬迁做好准备工作。长江委的代表、移民专家傅秀堂参加了会议。下午分小组讨论，陈俊生很认真地听取了各小组讨论的汇报。汇报会刚一结束，一位处长就将出席会议的傅秀堂叫到了陈俊生所在的小会场。傅秀堂刚一进去，陈俊生劈头就问：

“傅秀堂，刚才小组讨论会上有同志反映，你们做移民工作没有规划，地方上做了规划，长江委不认可，说要由长江委牵头，还不给相关经费。我问你，为什么没有移民规划？”

“陈委员，不是没有规划，规划是分阶段的。移民论证阶段的规划已经钱正英副主席主持的移民专家审查通过了，可行性研究阶段的规划经邹家华副总理为主任委员的审查委员会通过了，现在是在做初步设计阶段的规划。为了完成从事规划的第一步核实实物指标工作，长江委人春节都没有休息，现已完成了湖北四县的调查，四川的调查正在进行中。”

陈俊生又问：“为什么规划非要由长江委牵头？”

傅秀堂答道：“不是说谁高明谁牵头，而是原来根本没有牵头单位，规划没有统一的标准，统一的概算。最后的结果就是八仙过海各显神通，总的概算根本无法控制。”

陈俊生又问道：“地方上说，他们做了城市规划，却不给他们钱，这又是为什么？”

傅秀堂回答道：“因为三峡工程一直没有立项，长江委也不知道规划经费应该由水利部给，还是三峡办（三峡地区经济开发办公室）给。我们已经列了移民勘测设计费，落实了马上下拨。”

“做移民工作，绝对不能犯官僚主义，移民们都等着、盼着呢！你们工作很辛苦，这点我也知道，移民规划一定要抓紧！你晚上到我房间来，专门将规划工作汇报一下。”

陈俊生刚一说完，傅秀堂就递给他一份书面材料，并说道：

“陈委员，我这里有一份长江委起草的关于如何做好移民规划的书面意见，麻烦您看一下。”

傅秀堂回到宾馆自己的房间，到了晚上哪儿也没有去，就等着召见，但一直没有动静，估计陈俊生连夜在看他的书面材料。

第二天，召开会体大会，由陈俊生在大会上做工作报告。他在报告中大段、大段地引用长江委关于如何做好移民规划的书面意见。

他还说道：“三峡移民规划由长江水利委员会牵头负责，长江委搞得了的长江委搞，搞不了的委托出去，但不要等到搞不了的时候再委托出去。”

坐在下面的傅秀堂不知哪来的胆量，高声喊道：

“地质勘测工作也由我委搞，这样结合起来更好！”

“好的，但这两个工作都得抓紧！”陈俊生当场表态。傅秀堂坐直的身

体慢慢向椅背靠去，长长地吐了一口气，因刚才斗胆进言加快的心跳速度慢慢恢复了正常。他庆幸自己的大胆，更为自己为勘测总队赢得了三峡地质勘测任务而高兴。既然明确让长江委主管移民工程了，傅秀堂觉得有些事一定要在这次跟国务院领导讲明白。会下，他又找到了陈俊生国务委员，对他说了这么一件事：

“陈委员，您现在明确让长江委负责库区工作，但经费需要落实。前段时间，三峡办李伯宁部长说这是三峡工程前期工作，经费由水利部负责；水利部张部长又说，这是三峡工程项目，应该由三峡办给钱。”

陈国务委员听后十分生气地回道：

“这是官僚主义。以后好了，现在成立了三建委，马上要成立中国三峡工程开发总公司，经费会统一安排。”

这年的 6 月，天热得特别早，移民工作也在随着升温。6 月 29 日，朱镕基副总理受李鹏总理委托主持召开国务院第六次常委会议，审议并通过了《长江工程建设移民工作条例（草案）》。李鹏总理于 8 月 19 日签发了国务院第 129 号令，发布《长江工程建设移民工作条例》，“三峡移民勘测规划统一由长江委负责”这一条还被明确地写进去，这可是一个法规性质的文件。

又过了不到三个月的时间，9 月 27 日，中国长江三峡工程开发总公司在宜昌正式挂牌，党和国家领导人江泽民、李鹏、邹家华、钱正英、陈俊生等同志题词祝贺。邹家华、郭树言为李鹏总理亲笔题写的“中国长江三峡工程开发总公司”揭牌。从此以后，和三峡移民有关的经费由三峡工程开发总公司负责，这下都理顺了，可以纲举目张，各项工作、包括勘测工作也就有条不紊地开展起来了。先前都说与三峡工程有关的事难办，但只要国家决策了，没有办不成的事，这就是社会主义制度的优越性。试问，还有哪一个国家敢移民百万？

为这么多移民找安置新家园的新址，崔政权肩上的担子能轻吗？

拿着这样一把尚方宝剑，崔政权理直气壮、步伐坚定地再次迈进了库区。

按照上级的指示，长江委勘测总队在库区的任务，也是三峡移民工程地质总负责人崔政权的任务，这就是：对20世纪80年代所选定的城镇迁建新址进行“复核”，再根据“移民安置规划大纲”规定的、对新城镇运行构成威胁的崩滑体进行监测——治理勘察。

作为一个老党员、库区地质总负责人的崔政权深知三峡移民工程是一个通天的工程，他常常告诫自己：“本着对党对国家对三峡移民高度负责态度，要为三峡百万移民找到一个个建安稳家园的地方。”但这谈何容易。

谈到三峡，曾担任过长江委综合勘测局局长的陈飞就这样谈论过这条河，即峡江：

> 那是一条年轻的河流，峡谷两边岸坡极不稳定，还在不断地再造。垮下来了，形成了平地，人们将它利用了起来，集镇、乡村等就是这样慢慢发展起来了。但其他的地方还会再垮，就是不修三峡工程，它也会不断地垮，这一带地质条件极不好，要不然扶贫怎么扶不起来。

三峡地区的地质构造十分复杂，除了火山活动、冰川和破坏性地震活动外，几乎包容了所有地质问题。在这样一些复杂的地质条件下为移民找建新家的地址，别提有多难，可当时不是所有的人都能认识到这一点。

三峡淹没区有多长，崔政权和他的同志们的工作线就有多长；三峡水位线以上后靠的区域有多宽，崔政权和他的同志们的工作面就有多宽。三峡库区20个县（市）150余处可供建城（镇），从湖北省宜昌市的三斗坪到当时四川省的重庆市，库区长达650余千米，库岸总长达5400多千米，库区淹没线附近的山山水水都要成为他与同志们的勘察范围。

现长江勘测规划设计研究院副总工吴永锋从三峡城镇迁建工作开始就跟着崔政权跑三峡，是城镇选址从头到尾的经历者。而且直到现在，他还要时不时地去三峡，已经是三峡城镇迁建工作的元老之一了。他还勤于笔耕，曾在一篇文章中这样写道：

三峡库区属于山区，地形地质条件复杂。移民城镇新址的地质问题远比平原区的复杂，不仅有与地基有关的稳定性和沉降等问题，而且还主要存在斜坡和边坡的稳定性，周围地质环境的影响等问题。新址选择又不单单是自然科学问题，还牵涉到社会学的方方面面。要选好新址有相当的难度。类似于三峡库区这样庞大的移民城镇选址在中外水电建设史上是史无前例，也很可能是后无来者。

让崔政权和吴永锋等备感压力的不仅是三峡库区勘测范围的宽与广，社会问题的多与杂，还有前无来者而造成的当时国家勘测内在机制的不成熟。他在文中还写道：

对于移民城镇选址以及城镇规划的地质勘察工作如何做，当时并无太多的例子供参考。国家及有关行业部门也未出台相应的规程规范。直到初勘阶段的地质勘察基本完成后的 1994 年 11 月，建设部才颁布了行业标准《城市规划工程地质勘察规范》。而且在水电工程界，许多工程技术人员，甚至在认识上也未将移民城镇的地质勘察工作归为一般性的工民建范围而未提到应有的高度，没有料到在峡谷区大规模城镇选址存在着地形、地理上的制约，和地质边坡、滑坡稳定性等诸多复杂现象，存在着重坝区轻库区的现象。一些同志甚至认为移民城镇的地质勘察工作无非是小菜一碟，根本不能与坝址区的勘察深度与大坝安全重要性相提并论。因此，在勘察经费、勘察周期上都要比坝区的少得多、短得多。移民城镇选址勘察工作的业绩至今都还是上不了桌面的菜，比如在评职称和申报注册工程师时，它似乎都还不能算是符合既定标准的工作业绩。

这对以崔政权为代表的从事三峡库区勘测工作的成员来说内外条件是如此艰难、苛刻，甚至是不公平。但崔政权是一个不讲条件的人，更是一个有条件要上、没有条件创造条件也要上的人。大石拦路，勇者视为前进的阶梯，弱者视为前进的障碍。崔政权是勇者。接到任务后，崔政权马上带着勘测成员尽快跟各县政府接上头，将工作开展起来。

持着尚方宝剑的崔政权的再次到来，让三峡人看到了新城迁建希望的曙光。

奉节县移民局原副局长刘长富也谈到了崔政权刚来时他们的心态。三峡各县也接到了决定将移民工程初步设计阶段的勘察工作委托给长江水利委员会的文件，领导们也希望来一个总收口袋的单位。从 1985 年三峡工程 150 米实物指标调查开始，三峡人就已知道、了解长江委工程技术人员和专家，那个时候叫长办，1989 年 6 月后改叫长江委，很多时候也被简称为长委。也就是说，长办的名字早已在库区耳熟能详，它比任何单位和部门都有知名度，称得上是众望所归。所以当崔政权以长江水利委员会综勘局总工的身份来到奉节后，县里当时分管移民工作的一位县领导就对刘长富说："这次来了一个说话算数的专家。"这位领导边说着，还伸出大拇指这么比划了一下。这说明地方上还是盼说话算数的、能真正解决问题的专家到三峡来的。

崔政权的到来没有让三峡人失望，他们终于目睹了一个脚踏实地、忠于职守、刚正不阿、敢于坚持原则的老专家，为新城选址和城镇迁建把关护航的全过程。

一个人与一个库区的故事正式开始。

# 第二章　留在三峡“思”“智”“行”的结晶

将一个人放进中国最庞大的一个库区，就好像沧海一粟。真没想到崔政权有这么大的能耐，进入三峡后能在库区引起回响。爱默生曾说过：“如果你要获得成功，就应当以恒心为友，以经验为顾问，以耐心为兄弟，以希望为守护者。”崔政权最初是怀着希望与期待出发的，希望是照耀他前进的阳光，他最终拥着希望到达了目的地。

行为需要语言来解释，语言需要行为来论证。

崔政权，一米七二的个头，人显得干瘦精巧，体重不过百斤吧！熟知他的人更慢慢发现，他成为三峡库区 13 座移民迁建县（市）城、129 座迁建集镇选址和地质论证的负责人后，在同志们的帮助下拼起命来能扛起两座山。

哪两座“山”？

“长江流域规划办公室水文、勘测、试验任务书〔91 勘字第 13 号〕”对崔政权等进三峡下达的任务是：对 20 世纪 80 年代所选定的城镇迁建新址进行“复核”，又根据“移民安置规划大纲”规定的、对新城镇运行构成威胁的崩滑体进行监测——治理勘察。也就是说，“复核”“治理勘察”这两座“大山”，硬是沉甸甸地压了崔政权 10 多年，直到他 66 岁正式办了退休手续，从总工程师的位置上退了下来，也还没有完全卸下。那段时间，他比什么时候都能体会到“责任重如山”的真正含义！

前一个选址复核任务是阶段性的，拼命也要完成它，三峡大坝蓄水是下限时间，它很快就将成为过去时。这座大山在规定的时间内，在同志们的共同努力支撑下，崔政权稳稳地扛起。

后一座“大山”似乎更沉重。其任务是，对建设新城镇构成威胁的地质灾害体进行治理勘察，似乎很长一段时间都处在现在进行时状态。崔政权当时的使命就是将基础打好，一步步地向前推进，然后再将接力棒传下去。崔政权是如何操作的呢？他就像部队指挥官一样，首先找出了敌情，即：在三峡地区复杂的地形地质环境和人口密集的现实下，进行大规模基本建设可能诱发的或潜在的地质问题，也就是说危害三峡人的地质问题是“敌人”。然后，他编出了一步步作战方案，历经 10 多年亲自领导、逐一实施。当一座座新城慢慢建成的时候，人们发现他肩上扛起的那座“山”也在慢慢升起。

“智才能开路”，这是拿破仑的名言。崔政权扛起这两座“山”要用体力，但更多的是靠智慧而产生的思想最终化为的行动。也就是说，三峡移民迁建选址、防治地质灾害的每一步的成果，都是崔政权调动自己的智慧进行思考，然后迸发出思想的火花，实施后结晶。

## 一、为迁建新城镇选出安稳的地基

崔政权最大特点是极具智慧，而且善于思考，勇于创新。他一接手这项工作，就突破常规，首先提出所有城镇新址必须分总体规划与详细规划两个阶段进行勘察。这在国内勘测界是史无前例的，但它得到了上级主管部门的认可。在 1993 年长江三峡工程移民计划工作会议上，国务院决定由长江水利委员会负责编制《长江三峡工程水库淹没处理及移民安置规划报告》（初步设计阶段）。该报告中明确要求对 1984 年选定的县（市）城新址及地质条件进行复查，还要进行总体规划阶段初勘和详细规划阶段详勘，也就是说吸收了崔政权的意见。后来此条还被写进 1994 年 7 月由三建委颁布实施的《长江三峡工程水库淹没处理及移民安置规划大纲》中，这可是移民工程指导性文件。三峡水库安置补偿投资总额为 400 亿元也明确写进了大纲里面，那是一个真金百银的数字。换句话说，要用这 400 亿为三峡库区建设起一座座新城。

作为库区工程必不可少的地质勘察，被列入水利水电工程地质勘察规范，库区工程地质勘察也从此摆脱了从属于坝区工程地质勘察的地位，与坝区工程地质勘察并驾齐驱，而且要同坝区工程一样，要有总体规划阶段初勘和详细规划两阶段，这可是一个了不起的贡献。事后，有的同志甚至如此评价：该项决定开创了我国水利水电工程库区工程地质勘察工作历史，具有划时代的意义。这个评价一点不为过。崔政权的进言起到了很重要的推动作用，地质界知情人士不可能不提这件事。

大纲确定后，就可以纲举目张了，人们开始将目光聚焦那两座“山”。

第一座“大山”，即要对过去所选的三峡城镇新址进行复核。

确定与不确定，世界的双旋律。崔政权不是超人，没有火眼金睛。他对新城选址的任何一次拍板、每一次的下决心，都要建立在他手下精兵强将做的大量的基础工作之上，最后再来做出确定与不确定的选择。

当崔政权接到任务后，时任勘测大队大队长陈德基对崔政权的工作十分支持，立即为他调兵遣将：

长江委勘测总队下属的分队先后开进了三峡。位于丹江的第一勘测大队走进了秭归、巴东、兴山；位于重庆的第四勘测大队走进了万县、开县、涪陵、丰都；位于赤壁的第六勘测大队走进了奉节、云阳；位于南阳的第七勘测大队走进了长寿、忠县；位于岳阳的第九勘测大队走进了巫山，位于宜昌的三峡勘测院走进了忠县……13 座城市 129 座集镇基本上每个城镇都有几处新址，有个别新址地质测绘的面积竟达到 100 多平方千米，勘测队员加起来几乎跑遍了 5600 平方千米库区淹没线附近的山山水水。也就是说，复核成果是所有撒在三峡各县的长江委勘测队员跑出来的。他们所勘测的范围绝对要大于所选范围的若干倍。据吴永锋介绍，他们为选择一个新址，曾跑了 100 多平方千米的范围，连当地人都说：“有的连我们当地人都没有去的地方，长江委人都去了，说起本县的哪里到哪里，他们比我们还清楚。”

在选址的过程中，他们除了人为的因素外，还要借助于各种仪器起到延伸眼力、耳力的作用，所以他们拿出的资料是真实的、科学的、可信的。

本质往往藏在现象的内核里，现象往往自称是本质，这就需要专业人士的火眼金睛。通过勘测队员们大量、细致的地质调查和勘测工作，摸清移民

城镇新址的地质情况。一个个地质条件良好的，通过！拿不准的，请崔政权来定夺！崔政权再对他们提供的资料进行最后的分析判断，并慎重地签上名，表示确认，更表示负责。

崔政权当时已年近花甲而且身体单薄，但只要是关键区域，他是随请随到。他跑过多少县、多少镇现已无法统计，只知道那段时间他每年仅奉节就要去三到四次，因为那里的情况最复杂，最终经他拍板调整了兴山、巴东、巫山、奉节等四个县城和太平溪、郭家坝、峡口和官渡口等 36 个集镇已选的新址。有人统计，从 1991 年 9 月到 1996 年 11 月止，他为三峡库区新城建设在选址方面避免了约 20 亿元建设投资的损失。随着时间的推移，一个个事实已经证明由他签字进行调整的方案都是正确的。假若当初不进行调整，其后果实在是难以设想。

这样的反面例子不是没有。石柱县的沿溪乡新址——张家坝，崔政权早于 1994 年已予以否定并推荐了杜家田一带为新址。但乡政府和县主管部门仍在张家坝建设，结果导致覆盖层全面变形，加上沿江挡水墙质量问题而需要重新修建，而移民迁建资金已全部用完，仅因场地地质问题就被迫停止建设四年多的时间。

再如，秭归县的香溪镇、巫山县的双龙、奉节县的寂静乡和安坪乡等新

址，崔政权同志都提出了开发利用限制条件，但当地建设没有按崔政权的要求做，诱发了不少地质问题，被迫停工 2 ～ 3 年之久。直到 1999 年 5 月，崔政权就上述几个乡镇的问题写出专题报告后，才引起规划部门和主管部门的重视并采取了相应的措施。

1992 年，崔政权率长江委地质人员在考察了巫山县城一带的地质环境后，否定了将堆积体称为“滑坡堆积体”的概念，并结合巴东、奉节等巴东组地层岸坡的变形、失稳情况，提出了“坠溃”的概念，将其明确定义为“坠覆体”，并以此地质理论概念指导了巫山新县城的选址和修建城镇工作。自 1992 年至 1998 年 6 个水文年，特别是 1998 年长江 8 次洪峰，巫山县长达 7000 米的新城库岸和高达 30 ～ 50 米一坡到顶的边坡，没有发生一处“滑坡”，实践充分证明了崔政权提出的治理方案正确，也证明了“坠覆体”理论的成立。

新址复核工作结束后，崔政权立即向国务院三建委和国家移民局提交了《关于三峡工程库区涉及移民工程的地质、岩土工程问题的报告》，亲自拟定了《三峡工程库区城镇建设中岩土工程实施要点》，为城镇迁建工作提供了地质依据，有力地指导了以后的迁建工作。另外，他还带领同志们以国内外地质界从未有过的惊人速度完成了三峡库区 18 个县市、13 座县（市）城、110 座集镇及大型厂矿企业《三峡库区迁建新址选择与地质论证报告》（初勘、详勘）1000 余万字，图纸 1 万余张。而这上千万字、万余张图全都是由他一个字一个字、一张图一张图审阅过来的，也就是说崔政权已为库区城镇迁建绘制了一幅幅安稳新家园的宏伟蓝图。

在所有参加三峡城镇迁建勘探工作人员的鼎力合作下，崔政权成功地扛起了“复核”城镇新址这第一座“山”。

在复核的过程中，崔政权在三峡留下了太多故事，几个情节颇为曲折的故事，后面要专门讲述。笔者这次到石柱采访奉节移民局原局长、现石柱县政协主席孙开武，他在这类故事筐里又增加了一个。

奉节安平乡大堡村三舍在长江边上，三峡水库蓄水后要全部被淹。村领导欧筠积极性很高，在没有做任何勘测规划的情况下，在整个三峡库区第一个开始迁移建设，就地后靠，造地一万亩，而且一家家新房也相继建好，已有一部分人搬进新家。他率领众乡亲为支持三峡工程积极迁建的行动迅速成为三峡库区进入移民迁建初期的一大政治景观，当时甚至流传着这样一种说法：移民好不好，看大堡；行不行，看欧筠。欧筠还被相关单位请去做报告，介绍为支援三峡工程积极迁建的心得体会。

1992年崔政权进三峡开始选址后，一次坐着船进到大堡村新建地复查，他看了大堡村迁移到的新址时毫不客气地对陪同他的孙开武和欧筠说道："小孙，这一带的人家要全部搬走，否则一旦三峡水库蓄水，肯定要垮。可能等不到蓄水，只要一遇到大雨，也肯定要垮。"孙开武、欧筠听了后十分着急，因为村里不少人都已经搬进去了，怎么办？孙开武立即对村主任说："你们的新村建在一个滑坡体上，现在说什么都来不及了。目前当务之急就是一遇大雨，就要安排专人巡逻，发现险情，赶快敲锣，让人立即撤出来。我们帮你们另选新址，现在首先要确保老乡们的安全。"

果不出崔政权所料，2000年，一场瓢泼大雨从天而降，巡逻的人发现了垮塌的险情，立马敲锣示警。乡亲们听到锣声赶紧从屋中撤出往高处跑，回头望去，只见他们的原住房一间间地垮入江中，当时除了惊恐，就是后怕了。当他们得知是一个叫崔政权的大师预测的，对这个救命恩人佩服得五体投地。

这件事迅速在全奉节传遍了，县领导更加认识到地质工作的重要性，明确指示：坚持后靠建房一定要请长江委的专家到现场看看的原则，长江委的专家认可了，就建；没有认可的，坚决不能建。

## 二、为新城迁建保驾护航

三峡新城选址工作结束，宣告城镇迁建工作的开始。崔政权要在同志们的共同努力下，慢慢扛起治理勘察这座"山"。

中国库区建设史乃至世界库区建设史上建设工地最集中、铺开的面最多、时间最紧迫的城镇迁建工程开始了，它是那样轰轰烈烈、不可阻挡地向

前推进。自从新城迁建工程开工的礼炮打响后，全国不知有多少家建筑队开进三峡，更没人统计当时的三峡库区摆开了多少个建筑工地。如果当时在直升机上设自动摄像机，将 13 个县 100 多个集镇同时开工的场面拍摄下来，那将会留下一个个多么波澜壮阔、不可复制的城镇基建影像资料，可惜现在无法再现。

时任国务院三峡建设委员会移民安置规划司副司长的罗元华，称赞崔政权是三峡库区地质“活地图”和库区地质灾害防治第一人。“活地图”的能力是他在三峡丰富的选址阅历中形成的；而“库区地质灾害防治第一人”，是对他在三峡城镇迁建过程中最早涉入地质灾害防治工作的肯定。三峡地区地形地质状况复杂，坝区的技术设计与施工设计阶段勘探本来就经历了很长的时间，已经逐步清楚了所有的问题，并提出了解决方案。可库区的城镇迁建工程就不一样了。城镇迁建工程事先没有安排类似枢纽工程那样技术设计和施工阶段的勘察工作。说得通俗一点，崔政权他们在城镇新址复核阶段，仅仅选出来这个地方能够盖房子。但设计盖什么样的房子阶段需要初勘；到真正开始建房时，又需要详勘。库区的重建城镇数量多且规模大，而且都要在不到 10 年的时间内建设完毕。换句话说，城镇建设成为短期的突击行为，很多地质问题尚来不及暴露，而且人为诱发的地质问题会继续潜伏下来。选址工作结束后，如何解决已存在的或还在不断产生的地质灾害问题，给库区老百姓提供一个安稳的家园，这才是压在崔政权肩上最重的第二座“山”。

还有一个最致命、不好掌控的问题就是城镇建设均由各镇、县自行负责实施。各自招兵买马引入建设队伍，在处理地质问题上是“八仙过海，各显神通”。存在是合理的，不合理的也会存在。面对铺开建设与无法有序管理这一对新矛盾，崔政权在管理措施上迈出了关键的一步，这一步迈得是那样铿锵有力，博得上下一致的喝彩。

自 1993 年开始，崔政权同志征得上级领导的同意，首先设立了三峡地质工作长江委万县市办事处，用来指导在三峡库区开展的相关工作，但臂力还是有限。第二步，他又征得上级同意，在三峡库区所有区、县商议设立长江委地质工作站，为地方城镇建设当参谋，也就是当“守护神”。他还亲自拟定了地质工作站必须进行的、包括城镇建设中的地质工作和上万个农村居民点、中小企业的迁建新址选择暨建档等任务。这一建议与举措也赢得了上级领导机关的肯定，三建委移民开发局发文要进一步加强地质工作站的工作。这应该是三峡库区迁建历程中大写的一笔，曾跟他做过搭档的陈飞局长对三峡库区的一些超前的意识与做法赞叹不止。

崔政权是移民城镇迁建地质技术总负责人。如果在军队的话，他应该处于总参谋长的角色，他在三峡库区面对的“敌人”就是各种各样的地质灾害点。

知己知彼，才能百战不殆。作战首先要了解敌情，了解敌情就是要借助于综勘局下属的、布置在三峡 13 个县的各个勘测大队的地质工作人员。陈飞局长就给笔者做了这样的解释：

地质是要搞“诊断”的，比如要了解滑坡体的状况，除了用肉眼看暴露在陆地或山体的地表外，还要摸清地下构造的情况。综勘局在全国工程勘察领域内有齐全的专业人员和丰富的实践经验，还有齐全的装备和技术，可借助于测量、测试、钻探、物探、地质等多方面的手段进行勘测，甚至还要将软弱的滑动物质取出来进行分析，这实际上是要有相当的技术水平的。※由上而下、由外而内、由远及近地结合进行分析，才能正确地判断它们各属于什么样的地质条件。如果是地质灾害类型，才能提出有针对性的治理意见。

※他所说的话让我想起崔总前秘书邓永泰谈到的一个细节：崔总每到工地就跟当地的勘测人要岩芯看，凡是看到不完整的岩芯，崔总就追问差的那一段到哪里去了，他一定要弄清楚一截完整的岩芯。

前面讲到的三峡 13 个县、100 多个集镇选址的复核工作就是这样一步步落实的，一个个地质灾害“敌人”也就是这样被捕捉到的。

侦察要靠那些战士们完成，最终拍板者就是崔政权这位“总参谋长”了。这位“总参谋长”要有深厚的理论知识，丰富的实践阅历，严谨的思维能力和高超的判断能力等诸多素质，这些崔政权全都有，所以他拍板选出的城镇

新址都较为准确。

经过进入三峡库区长江委众多勘测队员的共同努力，一个个潜藏的“敌人”被捕捉到了，但马上歼灭是不可能的，首先要监测它的动向。现在我国分布在各地的公安分局或派出所都有一个本地区犯罪嫌疑人管理档案，其主要内容有：其犯罪嫌疑人具体住在何处，有什么犯罪前科，最近又有什么新的动向等等。在1993—1995年间，崔政权同志亲自主持编制了《三峡库区崩塌滑坡体档案》一书，配了图片与图纸，相当于地质灾害“敌人”的管理档案。

监测主要是通过仪器测量数据来观察滑坡、边坡变形的动态，进而有针对性地采取有效的方法进行治理。上级有关部门对三峡库区地质灾害危害性的认识也经历了一个由浅入深的过程。1994年6月，以长江委名义提交的《长江三峡工程水库淹没处理及移民安置规划大纲》（以下简称《大纲》）编列了6亿人民币预算，用于三峡库区受水库蓄水影响的地质灾害防治。



提倡列此预算的人是崔政权，对他在这方面的贡献怎么评价都不过分。这可真是一个良好的互动关系！就某一项水利工程建设由国家出资用于地质灾害防治，在中国水利水电工程建设史上是空前的，不知世界水利水电工程建设史上有没有如此举措。三峡工程为全国人民做贡献，而全国人民支持三峡工程，更得到国家大力支持。这就是三峡工程在国家的地位，更是社会主义制度能集中力量办大事的优越性。

《大纲》还指出，对水库蓄水可能诱发的滑坡、坍岸、浸没区由长江委提出地质勘察报告，经专家鉴定后，报国务院三峡工程建设委员会移民开发局审批，在移民补偿总投资中预留监测、治理和处理经费，将来根据实际情况，适时处理。这是国家又一次对长江委委以重任，更是对作为此方的地质工作总负责人崔政权委以重任。说得通俗一点，就是让长江委帮着三峡人将新城建得更安稳。崔政权又开始调兵遣将、周密安排、整体推进，成果也一个个被提交出来。从1994年6月至2001年7月，长江委先后提交了《长江三峡工程库区淹没处理及移民安置崩滑体处理总体规划报告》《长江三峡工程库区受蓄水影响城镇库岸（塌岸）防护规划报告》等。后一个报告里面又有了一个故事。

水利枢纽是要靠蓄水与泄水相互调剂来发生作用的，但运作起来有利也有弊。库水位涨落会改变库岸水文地质条件变化，产生静水压力与动水压力，尤其在库水位迅速下降时，饱和的边坡岩土会因地下水渗透压力诱发库岸崩塌或滑坡。有一年，在三峡工程“175 米”蓄水后水位下降时，引起了一个县的库岸崩塌，这事惊动了所在省的省长。那位省长对这次地质灾害定义时提出不要说是三峡大坝蓄水时造成的，因为这样说出去，在社会上的影响不好。可这位省长偏偏遇到了一个只认事实真相、不畏权势的崔政权。他以一个工程技术人员的良知如实上报，其目的只想引起上级领导对库岸崩塌这种地质灾害的重视，以达到治理的目的，最终报到三建委的报告上写的是“因三峡水库蓄水而造成的库岸崩塌”，他就是这样一个敢于讲真话的人。

三峡水库蓄水后引起库岸崩塌是不可避免的，但如何对容易崩塌的库岸治理，这才是应做的事，而且越提前越好。

崔政权的超前思维一般的人还真赶不上。这天，崔政权从自己办公室的门出来，走进对面时任局长陈飞的办公室，一进门就说：

“陈局长，我想启动三峡库岸治理地质调查工作。趁着三峡水库还没有蓄水前，摸清淹没线以下的险工险段后，在蓄水前治理要相对容易些，你是否帮着估算一下调查经费？”

这对从计划局出来的陈飞来说太轻车熟路了，他迅速给测算了一下，提出了一个初步的数字。

“这么多呀！”崔政权惊叹道。这位做具体工作的人，对工作经费的使用实在是没有什么概念，包括对钱的使用，他爱人徐凤芝就说过：“老崔一辈子都不知道工资卡上有多少钱。”

陈飞局长历来十分支持总工崔政权的工作，他们彼此之间配合得十分默契。更何况崔政权的这个建议很好，这一步早晚是要迈出去的，陈飞局长就想办法帮着落实。他最开始向长江委计划局打报告，数目较大，事先没有计

划，没有经费渠道。后来，他又转向三建委申请，可当时三峡经费里还没有这个项目的预算。崔政权反复在陈飞局长面前陈述，凡是牵涉到三峡移民安危的事，三建委都会重视、经费都会到位的。现在没有经费，我们单位垫着钱也要先做。最终，陈飞局长同意按崔政权的意见办，要人给人，要钱给钱，尽快启动了三峡库区两边的库岸地质灾害勘测工作。

又是一番春夏秋冬。在崔政权的布置与推动下，综勘局的一批地质工作者沿着三峡干支流水库两岸跑了一遍又一遍，对库岸地质灾害点进行调查，最终确定了1302处。随后，在崔政权的主持下又拿出了《三峡库区受175水位影响地质灾害防治规划报告》。

在这个同时，崔政权不断地向三建委打报告，提出库岸治理的必要性与迫切性。事后，陈飞局长心疼地说：

“崔总不知熬过多少通宵。最后报告打到了朱镕基总理那里，还真的批了40个亿的专项治理经费。”



由于在崔政权的推动下长江委提前进行勘测工作，后来当国家要启动库岸治理工程时，综勘局马上拿出了第一手地质基础资料，为库岸治理工程至少赢得了两年的时间。

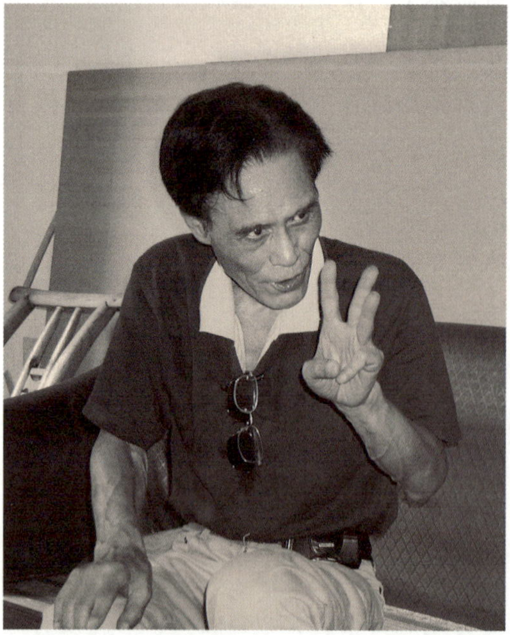

后来，随着三峡水利枢纽建成蓄水，在崔政权带动和影响下，他的弟子苏爱军他们也提前行动了，主持编制了《长江三峡淹没处理规划报告》递交给三建委，促成了国务院在三峡工程三期时拨款近200亿经费进行专项治理。

整个过程的参与者苏爱军

这样评价崔总：

“崔总思维、工作的前瞻性是一般人不可比的。没有他前期的工作，就没有后面的结果，更没有从 6 个亿到 200 个亿的地质灾害专项治理经费的立项。”

崔政权走过的路，两边不断地留下风景。他的建树还有一项值得一书，即用站网结合的方式，为建设三峡移民安稳家园提供了一个监测网，充当三峡人民的守护神。

在笔者采访的过程中，凡是被采访的对象，没有不谈地质工作站的，它在移民迁建过程中太重要了。

崔政权的工作思路、工作方法在不断地变化，移民城镇迁建工作也在不断地向前推进，他在三峡也留下了一个个“智”“思”“行”的结晶。

谈到崔政权在库区工作的一步步深入推进的过程，陈飞局长最后总结道：

“崔总对三峡移民工程做出了很大的贡献。崔总就是这样为三峡移民建镇工程一步步地提出设想，然后再一步步向前推动，最终逐一落实，真正受益的是库区人民。”

从始至终跟着崔总跑三峡的吴永锋细心地观察到，崔政权在三峡库区的称谓也经历了崔总、崔老总、崔大师三个阶段：“这并不是简单的称谓变化，而是库区人民对崔总由逐步认知到慢慢尊崇的过程。”

山矮人高

水浊心清

这是库区人民送给崔政权大师的一副对联，也是对他在三峡的言行与作为由衷的评价。

“崔大师来了，你可是好长时间没来了，到我家来坐一下嘛！”崔政权一下车，老远就有三峡人跟他打招呼。

崔大师在库区的亲人可多了！崔政权的爱人徐凤芝陪着丈夫在三峡走

了一趟，发现无论走到哪儿，都有认识老崔的人，都挂在嘴边不断地喊着“崔大师”。有的人跟老崔摆起龙门阵来，别提有多亲热了。三峡人早就知道崔大师的生活习惯了，不喜欢吃大鱼大肉，只喜欢吃苞谷饭、煎土豆或红薯。偶尔，他也会提出来加一份炒腊肉。山里人就是实在——早在十几年前，当他们认可接受崔政权以后，知道他爱吃红薯和玉米，就像烽火台传递消息一样，打电话把崔大师的这个爱好一个县一个县地传下去，让崔大师不管到哪个县吃饭都有他喜爱吃的东西。这就是山里人表达感情的方式，他们早已把崔大师当作自己的亲人了。

荀子说：“岁不寒，无以知松柏；事不难，无以知君子。”一个人可以对一个库区产生影响，似乎在中外水库移民史上还没有过，而且是中国最大的一个库区，崔政权做到了。现实是此岸，目标是彼岸。中间一直流淌着湍急的峡江，崔政权的行动则是架在峡江上的桥梁。他向三峡库区一路走去，留下的脚印不仅坚定，而且留有深深的痕迹，他在三峡库区留下的一个个口口相传的故事就是最好的例证。

# 第三章　来自奉节的选址故事

如果不是亲身经历，我很难相信这种反差同出自奉节人，而且都是因为崔政权选址而产生的结果。

奉节是我这次为采访崔政权所到的三峡库区几个县安排得最精心、最认真、最周全的一个县，我深受感动。

我还在路上，长江岩土工程总公司奉节分公司的经理、也是奉节现任地质工作站站长闫志刚，问我到何处的电话已打过来了。他将我接到了宾馆刚住下，奉节原移民局副局长程功勋就安排一辆车过来了。他说："刘主编，我先陪着你到我们新县城转一转，让你先有一个感性认识。"于是，车载着我们一行三人在奉节几个主要城区转了一个上午。下午，程局长在水利局会议室主持召开座谈会，专门请了几位 20 世纪末新城选址时配合崔政权工作的老同志，座谈崔政权当时在奉节的选址工作。程局长将晚上吃饭的时间也利用起来了，将每次崔政权到奉节后给他开车的工作人员也请了过来，边吃边让他介绍情况。

这种礼遇还没有完。我回到武汉后，主修《奉节移民志》的张克振老人将他手上与崔政权有关的资料复印下来，分两批给我寄了过来，他说这是他要离开移民局退休前做的最后一件事。作为同是搞文字工作的人，最知道我现在需要的是什么。这些让我在奉节除了收获丰富的素材外，还收获了满满的感动。回到武汉后，程功勋副局长又将奉节县人民政府办公室对我要去采访的协商函的批文转给我，以祁美文县长为代表的县委、县政府六位领导全在上面签署了请水利局做好衔接、接待工作的意见。我心里十分清楚，这全是因为崔政权大师在他们心目中地位所起的作用。

在奉节采访前，跟了崔总多年的张庆峰罗列的采访名单里就有奉节移民局原局长、现石柱政协主席孙开武，还对我强调这是一个非要采访的人物。当领导的都很忙，我要根据孙开武的时间再确定到石柱的时间。经手机联系，孙开武19日十点多钟回到了石柱，我也随机而至。他发短信让我到政府大楼302号房找他，我去后前面排了两个汇报工作的人，待他将我引进他的办公室，已到中午十一点半了。我简明扼要地谈了要采访的几个问题，他开始接受采访，第一句话就是："崔总是我十分崇敬的一个人！"他用的是"崇敬"一词。第一个问题刚回答完，吃饭时间就到了，他下午还要参加县委四大家的会，我们只好先吃饭。吃完饭，他让我先到宾馆等着，随时等待采访。直到晚上六点钟，孙开武才开完会。然后，他在办公室继续接受我的采访。

我深入采访后才发现，这个"奉节"可不是个省油的灯，三次跟崔政权顶着干，曾经是崔政权选址时遇到的最头疼、最费事、最费时的一个县。当时，奉节人也可能认为崔政权为什么总是不顺着他们来？也觉得这是个最难缠的一个专家，"倔老头"称谓也就是从那时开始叫的。



## 一、 三易其址选新城

奉节建县在春秋初期，已有几千岁了。奉节又被誉为"诗城"。从唐代开始，很多著名诗人如李白、杜甫、白居易、刘禹锡、苏轼、范成大、王十朋、陆游、杨慎、张问陶，还有当代的郭沫若等在这里写下了许多著名的诗篇。新城的启用让奉节焕发了青春，尤其是从未中断的文化传承，如暗香浮动，到了新时期更加香气逼人。移民文化也是中华大文化的一个重要组成部分。奉节人太重视这次城镇迁建、几万人迁移的大行动了。奉节到底文化底蕴深厚，在协助从事移民工程的过程中，也启动了移民文化工程。奉节移民工程刚接近尾声，移民文化工程首战告捷。2003年，由时任县委书记刘本荣任主编《夔州大移民》就出版了。后来，由张克振唱主角的《奉节移民志》也相继出版。

《夔州大移民》在"城镇迁建安置"一章里这样写道：

奉节县县城迁建新址的选择，为三峡工程库区县城新址选择历时最长、变化最多、确定最难、争议最大、影响最深的县城，前后经历了13年时间，其间三易其址，在别无选择、三峡水库一期蓄水临近的情况下才最终确定下来。各选址方案的确定均倾注了国务院三峡工程建设委员会办公室、国家移民开发局、长江水利委员会、四川省、重庆市、万县市、奉节县等政府官员及专家的心血。虽然如此，各级、各部门的领导、专家至今仍对最后确定的已实施建设的选址方案存在较大争议，仍将新县城建设过程的不利情况与选址的确定联系起来探讨奉节新县城选址的成败。

上面的叙述很枯燥，与枯燥的叙述相比，奉节选址前进的脚步更是艰难万分。为了让读者接受，将它比得轻松一点吧！有点像跳交际舞总在前行，有时像快三，但更多的时候像慢四，慢时可真让当事人那个急啊！有那么多舞者粉墨登场。当曲尽舞停，人们突然发现，舞得最好的人是崔政权，他理所当然地应成为整个舞会的主角。

奉节是一个基本全淹全迁的县城，地质条件不光复杂，而且恶劣，山区内所具有的主要地质问题如水土流失、泥石流、滑坡、崩塌等都存在。讲起奉节的主要地貌，专家们认为：奉节县城一带临近长江，岩体软弱，风化剥蚀强烈，多为陡坡岸坡，深切沟谷发育，广泛分布较厚的崩坡积和滑坡松散堆积，尤其是草堂地区。奉节移民局原副局长程功勋在带我看新城时走到草堂对面，指着对面的已开辟为旅游区的草堂给我介绍它的地形。当时，他用了一个很形象的比喻，像鸡爪的样子。他边说还边用手做了一个鸡爪状，这是我第一次听到描述地理形状用这样的比喻。我的脑海里马上浮现了鸡爪子的形象：几根张开的骨头连着两片皮。

后来，我终于在相关资料中看到了印证：奉节段的河谷呈“V”字形，两岸不对称，北岸为逆向坡，地形坡度较陡，一般为30～50度，坡面冲沟发育，河岸呈凸状。南岸为顺向坡，总体坡度15～20度，由于滑坡堆积，

坡面呈阶梯状，坡面冲沟发育，区内分布着众多冲沟，多呈“树枝状”或“漏斗状”，沟深 10 ～ 30 米，新县城选址区内仅梅溪河至头道河沟就分布纵向深切冲沟七条，小型网状纹沟则不计其数。要在如此条件下选择理想的、适合建设的新城址真是较为困难。

奉节也是选址起步较早的一个县城。还在三峡工程 150 米方案可行性论证阶段，中国城市规划设计研究院会同四川省、地、县有关部门进行迁建城镇选取址，1984 年提出奉节县迁建新址为原县城下游 5 千米处的草堂。尽管 20 世纪 80 年代奉节人也因为移民工程接触过长江委人，但不是因为地质，而是他们为三峡工程规划设计进行的实物淹没指标调查，长江委人的较真、能吃苦已给他们留下了深刻的印象。

1992 年上半年，随着三峡工程即将开工的喜讯，奉节人收到了这样一个文件：国务院主持召开移民试点工作会议，决定将三峡库区移民城镇迁建选址勘察复核工作委托给长江水利委员会。长江委勘测大队将三峡城镇选址负责人的尚方宝剑交给了崔政权。崔政权导演三峡城镇选址“电视连视剧”后，“奉节”是他最难导演的一集。5 月，当崔政权走进奉节人的视野时，张克振已任移民局办公室主任了。一天，一位领导到张克振办公室对他说：

“此人来头不小，很‘牛皮’呀！过去选的址通通由他复核，由他说了算。他说行，就行；他说不行，就不行。”

从那时起，崔政权因城镇选址开始同奉节人打交道了。双方谁也没有想到那是一场“我推你挡、我再推你再挡”的交往，最终尽管成交，谁知道有多艰难！

平心而论，奉节对崔政权的到来是重视的，他毕竟手持着尚方宝剑。当崔政权带着长江委吴永锋几个人第一次勘察时，县委、人大、政府、政协及相关部门领导一起出动，都形成了一个车队。他们一起考察了旧城—口前沿江一带、口前—帽风岭、三马山一带。参加第一次查勘的吴永锋还记得，三马后山当时只有三户人家，后来他们一直到莲花池，中午就在农家吃了苞谷饭，他们从早上八点一直查勘到下午四点才返回驻地。然后，相关人员花了一天时间讨论所查勘的内容。那一次崔政权开始质疑过去所选的草堂新址，与长江委有关人员讨论过以三马山为县城中心的方案。但那仅是初步形成的认识，因为一定要在几个比较方案的前提下才能拿出相对优秀的方案，这是勘测选址必须遵守的原则。

要拿出几个比较方案就要更大面积的撒网。

时任勘测总队长陈德基帮着崔政权开始调兵，六勘队从当时的赤壁调到奉节，开始进行初步勘察工作。他们当时以旧县城为中心，进行上至朱衣河的胡家坝、下至瞿塘峡峡口，沿长江、朱衣河、梅溪河、草堂河两岸长45千米、面积100平方千米进行了1∶50000地质环境调查，对其中87平方千米的县城新址选择区进行了1∶10000工程地质测绘，并对滑坡体等物理地质现象发育部位进行了综合物探。这些当然都是专业术语，但能说明一个问题：就是这次勘测的面积如此之广。当时多是走拖拉机的机耕道，更多的地方车还开不上去，全靠人的两条腿，其艰苦程度可想而知。

即使到了今天，奉节人在接受采访时还这样说道："那些长江委人真不简单，不知跑过多少路，好多地方我们奉节人都可能没去过，他们都去了。"长江委综合勘测局的勘探工作相继结束，崔政权在《三峡工程库区迁建城镇新址地质条件论证情况通报》中指出："作为一座县城，如此大的勘察面积在三峡库区，甚至在全国也尚属首位，也是最后一次。"可见长江委对奉节选址的重视，艰苦的付出也只为了一个目标，即给奉节找出最合适的新县城城址。奉节现任地质工作站站长、奉节岩土分公司经理闫志刚说："崔总之所以在奉节选址问题上说话那样有底气，我们勘测人员做了大量的基础工作，他掌握了丰富的第一手资料，他就能够做出较准确的判断，敢拍板。"但崔政权在此基础上拿出的意见，也仅是长江委一家的意见。为了慎重起见，崔政权建议听听更多外单位专家的意见。第二年7月，长江委勘测总队邀请水电系统与相关大学教授到奉节进行实地考察，这就不仅是以崔政权为代表的长江委专家了，可以说集中了中国地质界一些王牌人物。专家们考察后经过讨论，认为原选的草堂一带不宜建设新城，同意崔政权推荐的方案：口前—

冒风岭一带为县城新址。也就是说，同意崔政权否定 1984 年选的草堂方案！这是崔政权对奉节打出去的第一球。

奉节人毫不客气地将球挡了回来，否则就不会上演下面如此戏剧性的一幕。

城镇选址当然是奉节的头等大事，奉节领导也要来个民主决策。这年的 8 月 7 日，为了发扬民主，体现民意，奉节县委、人大、政府、政协领导及相关部门领导共 43 人，在奉节县乡镇企业管理局会议室就县城新址选在何处的问题展开热烈讨论，并就草堂、宝塔坪、莲花寺、帽风岭四个方案进行无记名投票，其结果是：赞成县城中心确定在莲花寺 37 人，赞成县域中心确定在草堂 5 人，赞成县城中心确定在宝塔坪 1 人，无人赞成县城中心确定在帽风岭。也就是说：崔政权选出的新址当地官员无一个赞成。

原长江委综勘局局长陈飞后来在接受笔者采访时说："城镇新址是否成立，先要科学地论证其安全、可靠、实用。即使要投票也应该是专家先投票，怎么能非专业人士投票来决定专业性非常强的、关系到全县人民命运的如此重大的选址问题？"



奉节人当时对此并没有提出异议，事后也觉得不可思议。但可笑也罢，荒谬也罢，当时的那段历史就是这样书写的，《奉节移民志》中已白纸黑字地将它记载下来。如此地尊重历史，这正是奉节人令人尊敬的地方。

现在，你可指责他们糊涂一时，可他们当时的确心安理得地如此操作。县政府对选址有自己的标准，那就是三不脱离：不脱离长江，不脱离历史，不脱离白帝城。那个时候，县领导心里还未将地质条件纳入首位。民意胜过科学，愿望无视自然法则。奉节与崔政权等的第一次顶牛开始了。

时任移民局副局长刘长富回忆起当时的情景这样说道：

1993 年，万县市那边已先行了，奉节这边就是推动不了，当时万县市行署专员叫魏益、书记叫陈光国，都到奉节开过好几次会。为了统一思想，做好干部的工作，又怕老百姓聚众上访，将四大家领导干部集

> 中到船上统一思想，仍然统一不了，争议仍很大。但又没有办法不动，必须动，所以宝塔坪区、工业园、南岸部分地方在规划没有完全完成的情况下，开始动工了。开工的项目也不多，也就是一些道路。崔大师否定了草堂方案，草堂去不了；莲花池又上不去，海拔六百多米，中间又是一个陡坡，相对高差大，建的过程通道怎么解决不知道，落实不了。县城供水如何解决，那可真叫左右为难！

同年 9 月，在四川省移民规划工作会议期间，决定以长江委提交的地质勘察资料为基础，对原草堂新址的总体规划进行修编。这点奉节到没有反对，反正没有脱离草堂。崔政权提出草堂方案修编的目的是县城中心不能放此处，留作他用可以。

当时人们迈进 1994 年时候，在崔政权总工程师的主持下，长江委综勘局完成《长江三峡水利枢纽库区奉节县迁建城镇新址地质论证报告》（初勘阶段）得出的结论依然是：草堂一带地质条件复杂，不宜作为县城新址，推荐口前—冒风岭一带作为县城新址。

奉节县仍不理睬，依然又将球挡了回去，还在距离草堂很近的宝塔坪举行新县城建设开工典礼。那里也是崔政权带领勘测人员跑过的地方，也熟悉那里的地质条件。崔政权指出宝塔坪也不适合做县城中心，让奉节放弃以它为县城中心的设想。崔政权对奉节选出的第二个地方亮起了红灯，将奉节又打过来的球挡了回去，其力度又一次让奉节人深深感受到了。

奉节人也不是省油的灯！可能当时一些相关干部心里在嘀咕：这个崔老头总在跟我们过意不去，选个草堂不行，现选个宝塔坪又不行，哪那么多事，我们干我们的，不理他！

于是，崔政权带着一批地质人员再次到奉节实地考察发现：县里依然我行我素，还是没有放弃宝塔坪—草堂一带的建设，宝塔坪一带建设的两条宽 25 米和 20 米的道路及冲沟回填，已经孕育了不少新的地质问题。崔政权当即就指出问题的严重性。但县里依然不愿意放弃，因为在那里已投入资金

5000万元左右，这些钱难道打水漂，移民资金可是有限的啊！你说你的，我依然外甥打灯笼——照旧（舅）。

崔政权感到问题严重了，一介书生往往在无视科学、无视自然规律的群体行动面前显得那么的无助、更无奈。那年11月，寒冬来得特别早，可崔政权却感到比天气更冷的却是无视他忠告的“奉节”。他出于无奈，只好被迫直接给湖北省原省长、时任三建委主任郭树言和国家移民开发局唐章锦局长写报告，他在报告中如此陈述道：

1984年选定的城址是草堂一带，但这里地处滑坡和泥石流易发层位——三叠系巴东组的泥岩与砂岩，加上地形破碎，人类活动将会诱发新的地质问题，故1992年5月实地考察 后我即提出异议。1993年初勘期间，对草堂、莲花寺和上游朱衣河的口前—帽风岭一带为县城新址，至今这一意见不变。1993年9月，由国家移民开发局、长江委和四川省移民办与建委联席会议决定：根据初勘成果对总规划进行修编。同年11月，在奉节召开的县城总规划修编工作协调会上，长江委的专家们建议：草堂一带可作为白帝镇新址建设成旅游区，而县城则以口前为中心沿长江和朱衣河布局或建设在帽风岭。但规划部门和县领导则坚持在草堂，意见未能取得一致。在听完规划负责人讲话之后，我心情很激动，说了这么一段话：草堂一带现在看到的斜坡，是自然状态下基本稳定的斜坡，所以在这里建房主要是“吊脚楼”形式。如果你们规划出宽马路和密集的楼房而去大规模地开挖这一带斜坡，到头来要受到自然界的惩罚，我就要出来说话了！

但总体规划的修编仍然是草堂一带，其中宝塔坪一带为首批开发区，这个部位如何建设，在现场我给县长、移民局长和建委主任提出了六条意见，意见的核心是：要最大限度地依山就势，不要大挖大填，哪些部位可以回填和怎样回填要做出设计，施工要严格检查；像公路等地基要求宽大的，要尽量向坡外扩展，不要一味开进山体，以防止高边坡出现；城里的人工边坡既要满足稳定条件还要兼顾市容协调，即建设得好的边坡也是一种艺术品，将流芳百世；一定要做好地表排水系统，严防供、排水系统和居民用水紊乱，建筑密度必须严格控制等。

1994年8月，县有关负责人要求我赶紧至奉节看一看宝塔坪现场，称我提出的六条意见一条也没有采纳！

这次实地考察，这一带正在开挖两条城市道路，其弃渣用来回填下面的大冲沟，高达20～30米，松散的边坡一坡到顶，一旦下雨，边坡和回填的土造成的滑坡泥石流在所难免！

在这样的部位建设县城，没有哪一位地学、岩土工程专家敢签字！但县里认为，这是“全县人民的意愿，况且上级主管部门也同意”，故“不可动摇”。（所谓人民的意愿，就是前面提到的奉节县为选新城组织的无记名投票。）

一石激起千层浪！

崔政权的这个报告将整个选址的过程、以他为代表的长江委的一贯立场及所做的相关工作，“奉节”一而再，再而三地抵触，尤其是“不可动摇”的坚决态度全向当时主管三峡工程工作的最高行政长官如实介绍。他不是告状，而是无可奈何地倾诉。一介书生面对着“奉节”如此的顽固，如此不顾及地质风险，如此不尊重自然科学规律，他将如何是好，只好求助于上级领导。那段时间，崔政权也明显感到县里对他的冷漠与不满，相关领导不理不睬不说，底下的人还时不时地甩两句风凉话，满县城街头巷尾还议论纷纷：

“长办那个叫崔政权的老头特别倔，四大家选的新城址他就不同意，让他签字他就是不签，弄得奉节新城位置到现在都定不下来。得由他说了算啊，我们将搬到哪里到现在还不知道呢！”

崔政权那个时候在奉节第一次出名，反正成为一个让“奉节”不舒服的崔政权。崔政权当时在“奉节”的工作也岂能用不舒服来概括，在奉节推动自己正确的选址方案怎么这么难，这恐怕是崔政权工作以来最难熬的

一段日子。

不是崔政权有意跟奉节过意不去，而是在选址的问题上能够随意而行吗？地质灾害不出则已，一出是要出人命的。作为一个选址总负责人崔政权曾多次做过同一个梦：那就是在经他签字选出的新址上建的县城一下子滑到江里，他因此而被关进监狱，吓得从梦中惊醒。关键是他要对三峡人民负责，他不愿意看见那样的悲剧发生。

奉节这边就是顶着不办，新城址始终定不下来，就别说建设新城、移民搬迁；国家那边，大江截流的脚步声一步步逼近，那可是倒计时啊！如果拖了三峡工程截流的后腿，那真是该当何罪！

崔政权给郭树言的这份报告起到了作用，上面有关单位做了工作，奉节的态度有所转变，促使这个转变的还有一个人，即新来的县委领导陈孝来，他是 1995 年来到奉节的，这位重庆交大桥梁专业毕业的大学生，最清楚建设新城基础是最重要的。他来了以后，崔政权明显感到县里态度的转变。9 月份，崔政权为选址的问题在奉节待了一个星期，9 月 20 日县政府向长江委勘测大队发文，正式聘崔政权为奉节迁建地质顾问。

1995 年 12 月，四川省建委和移民办在长江委的建议下重新组织奉节县城新址选择论证会议，陈孝来立即组织。会上，奉节同意放弃以宝塔坪—草堂为县城中心方案，愿意接受口前—三马山一带为县城中心的方案。但奉节那方领导又提出：

“我们对崔政权提出的新址一直抵触了两年，让我们重新转向口前—三马山，但什么地质工作都没有做，我们拿什么搞城市规划，距离迁建的日期迫近，我们怎么来得及？这又如何是好？”

这时，崔政权发言了：

“口前—三马山一带是我们给奉节选出合适的新城城址，在你们没有接受这个方案之前，在经费没有到位情况下，我让我们勘测队先提前进行了新址详勘，并形成了地勘成果。我知道，你们早晚会回到我们所选口前—三马山一带作为新县城中心的这个方案上的。只要你们能执行我们在本次会议上又一次提出的放弃以宝塔坪—草堂为县城中心，而要以口前—三马山一带为县城中心的决定，会后马上可以进行下一步规划工作。”

这样的承诺奉节怎能不答应，参加会议的县领导立马代表四大家表态，执行会议决定，做好进入下一步规划工作的准备。

果然，崔政权没有食言。会议接近尾声时，崔政权让出席会议的综勘局代表立即拿出了口前—三马山一带详规所需地形地质成果，使所有到会的奉节四大家和有关专家，万县市和四川省领导都震惊不已。那时候任何感谢语言都显得那样苍白无力，为崔政权的自信、远见、更为他的坚持喝彩！更感谢崔政权为奉节赢得了宝贵的时间。

当时，奉节为何如此强调赢得了时间？

由于前述种种原因，奉节县城建设启动比邻县建设已经晚两年时间。如果崔政权没有在勘探安排上先行一步，最终的结果是奉节的城镇迁建工作要么晚四年时间，要么还在宝塔坪进行建设时而半途而废。当三峡水库蓄水，江水逼上来时，奉节真是完成不了三峡水库在 135 米蓄水前清库并搬迁到新城的目标，弄不好就拖三峡工程的后腿。三峡工程可是当时全国人大通过批准、通天的大工程，对领导来说那真是该当何罪！奉节领导们怎么能不感谢崔政权为他们赢得的时间呢？

同年 12 月，崔政权在国务院三建委召开的“三峡工程移民工作会议”上，代表长江委综合勘测局作了《长江三峡工程库区迁建城镇新址条件论证情况通报》，在奉节县一节里将此情节回放了一遍：

（前两年）县政府上级主管部门决定县城迁建于草堂一带，宝塔坪一带已经开辟出两条城市道路，有些冲沟亦已回填。

他还指出：这一带基本上是三类即限制性利用区，今后如何合理地稳妥可靠地进行土建工程，是一项极其复杂的事情。在这里，每走一步都要特别谨慎，要着眼于未来，所有土工程要做到万无一失。

这里地形地质条件决定：新县城不要图集中密集，同时，详规和建设都要在地质师直接参与下进行。这个问题对奉节县具有特别重要意义。

最后提出莲花池、三马山两片区都可作为奉节县城的建设中心用地，建议进行两个方案的比较论证，权衡利弊，科学决策。建议草堂一带作为集镇建设用地，白帝镇作为游览胜地进行开发，已进行道路施工的宝塔坪区作为旅游商贸区。

长江委综勘局还以长勘〔1995〕145号文函告四川省人民政府：

不仅再次反对以宝塔坪—草堂为中心，还是坚持“推荐以口前—帽风岭一带为县城新址，其中口前—三马山一带可作为县城中心进行建设，多余的人口可沿朱衣河左岸安置，沿长江也具备深水港口条件。

在奉节县城新址选址阶段，崔总就坚持认为：依托三马山—口前作为对外沿江出口，新县城向朱衣河里面发展，那里面是宽谷，便于长远地发展。后来，移民搬迁完成后，新县城向西移，已全部布局在朱衣河的宽谷中，完全印证了崔总的超前战略思维，他当时在战略上就站到了一个高度。



崔政权在报告中还报告省政府：这一带均已交有初勘与详勘成果，可立即开展总规与详规工作，建设速度也将比宝塔坪—草堂一带快得多，更重要的是这里避免类似草堂一带复杂地质问题。

1996年2月3日，四川省人民政府函〔1996〕67号文《关于奉节县城重新选址》采纳了上述意见，相关部门立即进行详细规划。1996年10月9日，奉节县人民政府以奉府发〔1996〕189号文批准《奉节县城详细规划》。从1984年到1996年，奉节县新县城选址历时13年，先后经历了“草堂方案”“宝塔坪方案”“口前方案”。最终认定崔大师选出的以三马山为中心的“口前方案”，其布局为沿江组团式结构。长江干流将新县城分为南北两大片区，八个功能小区（即宝塔坪小区、金盆小区、茶店小区、莲花池小区、白马小区、三马山小区、头道河小区、南岸小区），当地人习惯地称为一个中心八个基本点。语言丰富，够形象的！

当《奉节县城详细规划》正式批准时，奉节脐橙已挂满枝头，遍体金黄色的脐橙都争先恐后地报告着丰收的喜讯，可奉节新城选址的最后收官却来得这样晚。13 年啊，一个选址同年出生的小孩也长得一米多高，到了上中学的年龄。13 年啊，三易其址，来之不易，给经历者带来了那么多的困惑、无奈、感叹，当然还有反思！

但终于迎来了收获的季节！奉节新县城的蓝图终于在崔政权的选出的地方铺展开了。1997 年 3 月，奉节县委、县政府在三马山举行了新县城开工奠基仪式，崔政权的坚持没有白费，以他为代表的长江委勘测人员所做的工作没有白费。作为一个朝鲜族的崔政权，老职工都知道他能歌善舞。如果条件允许，他一定会放歌一曲最喜欢唱的保留歌曲——《北国之春》来庆贺胜利，一个多么来之不易的胜利。

## 二、再次掀起新波澜

奉节新城建设紧赶慢赶地向前推进了两年，1997 年、即使在 1998 年大水年，奉节都在埋头向前赶。每天，几大区的施工工地车水马龙，热气腾腾，你追我赶紧，只有一个目标，将失去的时间抢回来。

1999 年很快来临，全人类都在向新世纪而稳步前进，奉节更多了一些希望，因追赶新城建设步伐，让众多人浑身有使不完的劲，始终处在一个亢奋的状态，那可真是“奉节每天不一样”。可突如其来的一件事让他们被燃烧岁月点燃的热情又降了下来。

奉节又要经风雨，崔政权又要经磨炼。

刚迈进新世纪，国土资源部组织了一个专家组到三峡库区进行地质环境评价、预防灾害普查。当时专家组里有两个院士，还有一个国务院参事。专家组到了奉节后，移民局局长孙开武全程陪同进行地质灾害查勘。过了几天，那位国务院参事和其中一个院士提前离开，就剩下一位院士。一天考察结束后的座谈会上，那位院士突然扔出一个“炸弹”：“三马山是一个滑坡体，不能再进行建设。”

这下子将在场的奉节人砸蒙了，什么？三马山是一个滑坡体，这可是崔大师为我县亲自选的啊！宝塔坪有个滑坡体，我们已压缩了建设规模；崔大师选的三马山又在滑坡体上，我们将何去何从？没隔几日，奉节县人民政府即以奉府发〔1999〕13号文落到了万州移民开发区管委会领导桌上，文中这样请示道：

国土资源部专家调研组的意见，虽未形成正式结论，但无疑给我县新城建设敲响了警钟，尤其是在以三马山杨家坟为代表的诸多地段，国土资源部专家组的地质意见与长江委地质意见截然不同，致使我县新城建设目前面临巨大困难。如按照规划继续建设，以后确有地质问题，造成人民生命财产巨大损失，县上无法交代；若县上遵照国土资源部专家意见，停止建设进程影响三峡工程正常蓄水的责任，县上也无法承担。因此，特申请上级尽快组织权威机关，近期赴我县现场办公，以解决目前新城建设中的重大困难。



没有不透风的墙。国土资源部专家认为奉节新县城区可能是滑坡体的消息一传十、十传百地在奉节的街头巷尾迅速扩散，顿时沸沸扬扬，奉节到处弥漫着担忧、焦虑，还伴有恐慌的情绪。那段时间，县政府相关部门前的街道上人流络绎不绝，都是找县领导打听有关消息的，各方人士都有，但目的只有一个，这个消息是否属实。

这个问：“我们那里盖的楼还盖不盖？你们定的位置，前段说行，现在又不行，让我们如何施工？”

那个问：“我们单位还搬不搬，何时搬？你们让我们搬的地方的建设又停工了，看来我们搬家的时间又得改，这不上不下地影响我们工作啊！”

还有投资者过来指责政府：“我们在你们这里投资时间是有限的。你们再这样变来变去，犹豫不决，我们可要撤资了。”

那段时间，相关领导只能疲于应付这些了，哪有精力搞其他的工作。最要命的是三马山一带的建设停止了，建筑单位都在观望，谁也不愿意自己的投资打水漂。领导也提心吊胆了，认为责任重大，没有明确宣布停工，但也还是悄悄消极怠工，等待上级的安排。整个县城人心惶惶！这可真是一波刚平，一波再起啊！

与崔政权一起摸爬滚打的同事们却暗暗替崔政权着急：选出三马山，他们对崔总做出的决策坚信不疑。因为他们是全程的参与者，毕竟也是他们的成果，崔总在为最佳的选择而坚持。可是，不应该出现的事出现了，院士出来否定，难道崔总和我们的判断错了，怎么这么不顺，崔总这次又将如何是好？

现在该用电视剧分镜头的方式叙述当时各自情节的发展走向。

一条叙述线是奉节人的活动。

时任移民局局长孙开武在接受笔者采访谈到这事时，用的第一句话就是：

“这一下可把我们都砸蒙了。我觉得问题严重了，当天就向县领导做了汇报，怎么办？崔大师认为宝塔坪有个滑坡体，要处理好后才能建设；他刚帮我们选了一个三马山，院士又认为是滑坡体，一个是大师，一个是院士，我们该听谁的？尤其是县城建设将何去何从？截流时间迫近，让人那个急啊！”

最后，县领导商量的结果是希望院士参加的那次会能形成一个会议纪要。可这要求一提出，那院士却说：“我不能在纪要上签名，它仅代表我个人的意见。”

这下麻烦了，该怎么办？这位院士提出了问题，人又不敢对所提的问题负责，该如何是好？

时任重庆市副市长甘宇平当时比较冷静，他对孙开武说：“我们不能光听一个院士的意见，要听一个负责单位整体的意见。”于是，他让孙开武赶快前往位于武汉的长江委综合勘测局反映情况。

另一条叙述线是长江委的行动，崔政权很快从孙开武处得知了情况，表面平静，内心肯定起波澜，但稳扎稳打是他的一贯作风。

这天，苏爱军接到崔总一个电话，让他马上到总工室来一下。

苏爱军一进办公室，崔总就说：

“奉节县政府来了一个函，前两天孙开武也来了，说国土资源部的一拨人去了以后得出三马山包括猴子石一带是不稳定的地质体结论。也就是说，长江委选的这一带新城迁建地处在一个滑坡体上。县里害怕，已将相关工程停下来了，我们来研究一下，看看如何处理。”

崔政权说着就将《奉节移民新址口前—三马山工程地质图》摊到了桌上，崔政权指着地图他们研究起来。三马山因三个小山包而得名，往下靠着长江近一点的平台叫杨家坟，规划中主要居民区都放在那里。崔总与苏爱军他们对那里的地质状况是心中有底的。从 1997 年到 1998 年，崔政权带着苏爱军他们光那一带跑了不止六趟，崔政权还布置相关长江委勘测队做了大量的地质勘探工作。那一带不是不稳定体，更不是滑坡体，杨家坟的地质条件没有问题。



“小苏，我想听听你的意见。”崔政权对苏爱军说道。

苏爱军指着地图说：“崔总，三马山三个山包的高度跟周围山包的高度是一样的，杨家坟平台的高度和周围的高度也是一样的，地貌没有出现异常，地质勘查也没发现大的错位。半个月前，我刚去了一次，发现杨家坟有三个小断层，是可以处理的，跟滑坡没有关系。”

“你跟我的看法是一致的。这样吧！明天，副局长石伯勋要带队去处理这个问题，你作为技术支撑跟着去处理下这件事。”苏爱军答应了。他跟着石局长到现场进行了更深入的考察，奉节县时任地质站站长易名龙也在场。

回来后，苏爱军对崔总汇报了他考察的最新情况。崔政权让苏爱军以综勘局的名义给奉节县政府写了反馈意见，崔政权仔细地做了修改，并慎重地签上了名。

作为副总工的苏爱军代表综勘局拿着有崔总签字的、盖有综勘局大印的函重返奉节，县里马上召开会议，四大家都到场，苏爱军代表综勘局发言，主要观点是：

三马山—杨家坟一带作为新城城址没有问题，可以继续施工。

苏爱军发言后，一位县领导马上说："你们的意见很直接干脆，难道国土资源部专家的意见就没有道理，你们是不是武断了一些。"

"他是专家，但由于掌握的资料不如长江委充分，得出的结论容易出偏差。你们要相信长江委的结论，可以马上复工。"苏爱军坚定地回答道。

苏爱军在接受笔者采访时说道：

"我当时是代表长江委发言，没有底气不敢这样说，这个底气首先来源于崔总。崔总对整个三峡库区地质状况了然于心，在大量一线勘测工作的基础有准确的判断，所以敢拍版。我相信崔总有底气，崔总有底气我更有底气，所以在发言时语气是斩钉截铁的。"

2 月 8 日，长江委综勘局以〔1999〕11 号函致奉节县政府：

"①三马山—杨家坟一带场址总体稳定，不存在所谓的杨家坟大型滑坡体。②地表及开挖揭露的地层异常现象属地质构造所致。……"

一边是不敢形成书面意见、签字的院士，另一边是敢于拿着证据确凿、愿意承担责任的崔大师，尤其是崔大师名下盖有长江委综合勘测局的章，他身后还站着一个实力雄厚的综勘局，这份沉甸甸的承诺让县领导怎么能不放心。于是，县政府下达指令：三马山一带继续复工建设。第二天，三马山一带恢复了往日的喧闹，出现了"三马齐驾"奔腾向前的局面。

时间的脚步迈到了 3 月 5 日，重庆市移民局就奉节县城迁建新址问题，以渝移函〔1999〕18 号函致奉节县政府：

"库区城镇地质问题，移民规划大纲明确库区地质问题由长江委负责，在三建委移民开发局未做出其他决定前，综合勘测局的复核结果属权威性结论，应照此执行。"

同月，在此从事勘探工作的长江委第六工程勘测院编著的《奉节县城新址三马山一带地质条件补充论证报告》指出：

"三马山一带作为县城的新址，地形地势条件均成立。"

时间的脚步迈到了 4 月 8 日，重庆市委副书记、副市长甘宇平和长江委

副主任傅秀堂、市移民局局长刘福银一行到奉节考察移民工作，县长陈孝来等领导陪同甘宇平一行到新县城主城区三马山、头道河、宝塔平小区进行了实地察看并汇报了本县移民工作情况。甘宇平听取汇报后，就新县城建设、企业迁建、农村移民外迁等工作讲了重要意见。他说：

“奉节县新县城选址在三马山，是多种方案中综合指数最高的，我们应对此坚定信心，相信科学。同时，要尽快抓紧三马山小区建设，搞好配套、集中力量打歼灭战，尽快做好新县城高切坡、高边坡和临江岸的保护工作。”

领导及专业部门的一次次批复及相关文件，更坚定了奉节在三马山一带建设的决心，它带动了奉节其他工地的建设，奉节新城迁建工程你追我赶地向前推进，那个时候真可以用这样的话来概括：奉节天天在翻新、天天在跃进，对地质工作重要性的认识也在不断加强。最关键的是他们对崔大师的信任程度也在与日俱增。爱屋及乌，后来凡是与地质相关的活，奉节人都愿意找崔大师手下的人干，因为有崔大师站在他们后面，替他们把关，放心！



5 月 7 日时，当时长江委综合勘测局刚归到长江水利规划设计院下，统称长江水利勘测规划设计研究院。奉节县政府委托长江委长江水利勘测规划设计研究院对奉节县新城区保护工程进行可行性研究及地质勘察，得出奉节县新城区沿江分布大小滑坡 53 处。随着成果的推出，时间一下子也滑到 2000 年。

这年 9 月，奉节县委托长江委长江水利勘测规划设计研究院对奉节县新城区大河沟至渔种场段护岸工程勘察设计。

2001 年 5 月，奉节县政府委托长江委水利勘测设计研究院对奉节新城区猴子石等滑坡进行工程地质勘测，并一次做到初步设计深度。由此可见，奉节对长江委的依赖度不断加深。

2001 年 8 月，长江委综勘局组织了一次高规格的三峡大勘察活动，全局的勘测大师、副总以上的专家都参加。起因是由于三峡水库将于 2003 年 6 月开始二期蓄水至 135 米，实现蓄水、发电、通航三大目标，当时仅有 22 个月的时间，大量的护岸治理工作相当紧张。长江委综勘局本来就决定组成专家组对护岸治理重点部位勘察进行检查把脉。再加上“三马山争论”的余波还没有完全平息，那就首选奉节县三马山新城区。

生活本身就挺有戏剧性的。

2001 年 8 月 23 日，陈飞局长会同崔政权总工，陈德基大师，徐瑞春大师，还有各副总工等十几位专家从武汉赶到奉节县，他们并没有通知县里就住进诗城大酒店。当晚，大家不顾车船劳顿，听取了苏爱军副总、吴永锋总工助理和现场工作的同志汇报，第二天就要开始野外勘察工作。当时，崔政权秘书邓永泰在奉节，他真是心疼不断受“折腾”的崔总，觉得让县里知道综勘局来人更合适一些，于是将消息透露给孙开武。※ 孙开武认为还是应该和长江委的专家组碰面，多获得些信息也是好的，尤其是三马山。于是，他们就设计了一个巧遇。

※ 前不久，笔者采访陈飞局长时，还提到邓永泰的“走漏风声”，邓永泰也在场。陈局长当即就表扬他，崔总的人替崔总说话是应该的。

第二天，在陈飞他们的必经之路上，孙开武等人出现了。

“咦，陈局长，你们什么时候来的？”孙开武假装不知。

“昨下午刚到，来看看三马山。”陈飞答道。

“那正好，我们也要往那个方向去。”

于是，两股力量合到了一起进行勘察，这是孙开武他们所需要的，由此组成了浩浩荡荡的勘察车队。

他们一行查勘了三马山及五个滑坡体，从上而下对猴子石、植物油厂、老房子、丝绸厂和吴家湾滑坡的钻探岩心、勘探平洞及滑体、滑带，和地层露头等，进行了仔细的勘查分析。

8 月的三峡正是酷暑季节，天气别提有多热，烈日当头，风刮到脸上只让人感到热气逼人。好多地方坡势陡峭，根本没有车路，车开不上去，考察人员只好弃车前行。大家沿着崎岖的山坡，上下奔波，都汗流浃背、气喘吁吁。特别是多位年过花甲的大师、老总，都顾不上停下休息、喝口水，而在

测量地层（或地质结构面）产状、敲岩土，在本子上做记录、画素描，让跟随着的奉节县考察成员感动不已。

25日下午，专家组在奉节县诗城酒店四楼会议室展开了畅所欲言、各抒己见的热烈讨论。

“三马山高程在267米左右，前缘一带是向斜下巴东组第二段和第三段地层……”崔总首先介绍了三马山总体地质情况。

时任副总薛果夫接着发言：三马山本底岩石破碎，前缘地层是不是坠覆体的边界？破碎岩体在水的作用下有可能产生滑动，要十分重视其稳定性，要加强监测，这涉及十万人的生命，安全是最重要的！

原副局长杨天民接着话茬说：江边不太像滑动带，是蠕动变形，建议以平洞为主要勘探手段，在135米高程打平洞探查。

陈德基大师说：破碎岩体滑过没有？要有深钻孔打到好基岩，底界要弄清楚。破碎地层诱发滑坡是可能的，要补充勘测和变形观测，要上钻孔彩电，破碎体上建设要增加治理费用。



徐瑞春大师说：建议立项研究巴东组地层。重力蠕变没有位移，滑坡是有统一的滑面且有滑距的。岩体破碎深度大，易失稳。破碎原因如果是构造成因，如再叠加滑坡就更破碎。向斜盆地稳定性问题不大，巴东组第三段地层主要是层间错动为主，要注意顺层向的东西。如果是重力蠕变，只需护岸；如果有滑坡就要从安全角度来治理。要设立监测系统，包括地面和地下的。

吴玉华副总说：同意陈大师、徐大师意见，肯定三马山是稳定的，前缘是不稳定的。从现在查的几个滑坡来看，有证据不容易。但它们没有统一的滑面，总体层序基本完整，主要是重力蠕变，滩地堆积带是没有破坏的阶地……他对下一步工作建议：对潜在滑带做试验取参数，进行稳定性分析计算。他认为此处关系重大，可组织构造地质、环境地质和工程地质专家进行专题论证，布置平面监测网，在斜坡不远处安排钻孔倾斜仪观测。

蔡耀军副总说：对此不能含糊，不能被历史限制。关于坠覆体，重力蠕变是不断进行的，为边坡治理提供了背景。破碎岩体在深度上、宽度上有那么大，采用构造成因和用坠覆体成因解释还有什么不通？如用滑坡成因解释，不能太草率。

大家你一言我一语，有的画示意图分析，对三马山是否稳定充分表述见解和意见。还对奉节县其他几个滑坡体发表了看法和如何治理的建议。这次专家的现场勘查，本着求实严谨负责的态度，把奉节新城建设和护岸治理工作结合起来研究，把城镇迁建安全放在第一位，达成了共识，为下步抓住工作重点加快进度明确了方向。

崔政权一直静静地听着、记着，时不时插句话。这个团队对他主持的工作如此地敞开心扉地各抒己见、如此地相信支持，让他感到十分的安慰，脸上露出了久违的笑容。

陈飞局长将当时的时间记得非常清楚，25 日下午本局的专家先开会讨论，统一认识。26 日上午，向县有关领导汇报。在对三马山的问题上，整个基调是肯定三马山方案。另外对其他地质问题提出了治理意见。

会后，崔政权为了将保险系数作大点，按照专家的相关建议，还在三马山加强作了钻孔，打了平洞，继续拿出证据查明那的确不是滑坡，而是局部有些堆积体和变形。



同年，国土资源部将奉节新县城库岸及猴子石 13 处滑坡纳入首批地质灾害治理范围，而且尽快得到了动工建设，让奉节人民担心的地质灾害问题一步步得到解决。

陈飞局长对他的这个搭档总是胸有成竹，他用最简单的语言总结了那次的“三马山之争”：

“我相信崔总，他见多识广，心中有数，判断一般不会有偏差。”

“三马山之争”总算告以断落，历经几年，最终赢者还是崔政权。这绝对不是简单的学术之争，它直接关系到三峡人的安危，三峡人的利益。崔政权是以个人的信誉为三峡人赢得了“三马山之争”，他更是以对三峡人极大的爱心为三峡人保驾护航。

“三马山之争”已过去了 20 多年了，孙开武谈起件事对笔者还这样说道：

“奉节人为什么佩服崔大师，因为他是一位负责任、敢担当的专家！当时如果又否定三马山方案，又没有找到其他替代方案，奉节迁建工作要往后推迟。奉节的旧城迁不出来，势必要影响三峡工程蓄水的时间。”

后面还发生了应该讲出来的故事。宝塔坪建设开始不久，崔大师来到奉节，经过勘察提出宝塔坪是一个古滑坡体，应该停建，或做出相关处理再进行建设。果不出所料，1997 年 5 月，宝塔坪一日突然出现地陷，地陷直径为 20 余米，地陷深度也为 20 余米，距新建好的宿舍楼仅 10 多米，崔大师的预言兑现了。

笔者去的时候，这块地陷已被处理，经过填补后，那里建了一座烈士江姐爱人彭咏梧烈士陵园。江姐是几代人共同景仰的女英雄，她和她的爱人彭咏梧烈士是重庆地下党员。彭咏梧被捕后，国民党残忍地将他的头颅割下，挂到竹园坪场的城楼上示众。她在爱人牺牲不久，在重庆被国民党抓进渣滓洞监狱。在狱中，她遭受国民党人对她动用的十指钉竹签等残酷的刑罚，始终坚强不屈，最终在新中国黎明曙光照耀之时，被国民党反动派杀害。那已是 70 多年前的事了，但奉节人民并没有忘记他们，专门建陵园纪念彭咏梧烈士。三峡大坝蓄水后，它也在被淹没之列。奉节人将宝塔坪地陷填平后，烈士陵园被迁入此处，供世代人瞻仰，永记为解放全中国献出生命的英烈们。

崔政权不光是判断准确，而且还有不同于一般人的战略眼光，如他当时建议奉节：依托口前—三马山作为对外沿江出口，建议新县城向朱衣河里面发展，那里面是宽谷，更便于长远地发展。目前，新县城王家坪等七个区全部在朱衣河流域里面，印证了崔政权的战略思维站到了一个旁人无法达到的高度。

崔政权让奉节人一次次改写对他的认识，一次次对他增强信心，一个真正的大师的形象就是这样在他们眼前慢慢树起。最关键的是崔政权的故事引起了奉节人的反思，培养出了一批善于思考的奉节人，一批成熟的奉节人。

《夔州大移民》一书在“艰难的县城选址”一节最后一段这样写道：

奉节新县城选址是是非非的争议已进行近 20 年，虽然一个崭新的县城在短短的五年时间内屹立于长江之滨、三峡之首，虽然令担忧的地质安全得到了较好解决，虽然老县城的人们已顺利迁入新县城，虽然人们已在功能齐全、配套完善、环境优美的新县城安居乐业，但争议仍在继续，争议将继续延伸。争议伴随着新县城选址，争议伴随新县城规划，争议伴承受着新县城建设，争议伴随着移民大搬迁，争议伴随着移民大清库，争议伴随着……其间是非曲直让历史、让后人们去评说吧！

但现在奉节人对崔政权却是众口一词的称赞，没有倔强的崔大师，就不会有现在的奉节新城。

崔政权在奉节的选址故事告诉读者，自信是承受大任的首要条件，信心和能力通常是齐头并进的。它告诉读者：在人生征途上，不时有穿越崇山峻岭般的起起伏伏，时而风风雨雨吹打，困顿难行；时而雨过天晴，鸟语花香。人只要目标专一，总能砥砺前行，达到胜利彼岸。

本来写到选址结束，故事就应该结束了。程功勋副局长看了此文后，坚持要将崔政权为奉节做出的最后一个贡献加到故事里，那就是崔大师为奉节新县城进行的安全评估。

奉节是三峡库区在地质问题上纠结时间最长的一个县，新县城建成了，这种纠结还没有结束。2004 年 5 月 15 日至 6 月 15 日，县委、县政府专门

委托国务院三峡办移民局管理咨询中心组织一个专家组对奉节新县城进行安全评估，专家组成员来自长江水利委员会、四川省蜀道岩土公司、华中科技大学、大桥局勘测设计院、葛洲坝设计院、成都理工大学等单位，他们特请崔政权任专家组组长。年近七旬的崔政权硬是带着专家组一班人在奉节待了一个月，这也是他在三峡待得最长的一段时间。

那段时间，他带领着专家组几乎走遍了新奉节几个主要的区域，查看一座座主体建筑的地基处理情况，最后由他亲自撰写了《奉节县城移民迁建工程安全评估报告》，评估的结论意见为：新县城地质条件多数片区坡体稳定，少数片区在自然状态下基本稳定。

崔政权他们对新县城进行评估，由国务院三建委办公室、三峡办规划司、中国水文工程地质勘测院、中国地质工程中心、中科院成都地质与环境所、重庆移民局、重庆大学、重庆市移民监理中心等专家又组成了一个专家组对他们的评估进行审察，同年10月还专门召开了“奉节新县城安全评估专家审查会”，在会上对崔政权代表评估组撰写的《奉节县城移民迁建工程安全评估报告》等进行审察。最后的审察意见是：

“这个评估报告对新县城各片区地质条件的安全性评价基本反映了实际情况，对水库运行期间可能出现问题的预测是合理的，所提出的建议是切实可行的。”

审查意见还认为：“评估报告可作为政府部门决策依据。”

也就是说，10月这次会为崔政权这次三峡行动画上了一个圆满的句号。

从这次审查会的时间节点上不难看出，时隔不久，他就被诊断出肺癌晚期，当时肯定癌细胞已在他肺里作怪，身体上的不适肯定很明显，他也不知是以多大的毅力支撑着这次考察。他更不知道，出席10月份这次会，也是自己最后一次脚踏三峡的土地，他是在以对三峡新城别样呵护的方式告别三峡。

# 第四章　来自巴东的选址故事

三峡自古以来就是一个容易产生故事的地方。三峡文化研究所曾编辑出版了一套"三峡文库"丛书，其中有一本《三峡民间故事导读》，里面收集了五六十个故事，恐怕也是挂一漏万。该书分生活故事与幻想故事两部分，幻想故事都是虚构的，而生活故事多是历史上曾经在三峡活动过的人所做的事。

崔政权可能自己也不会料到，自从担任三峡库区地质勘察总负责人以来，自己也慢慢成为三峡故事中的一员。三峡地区不少县镇都流传着他为当地人选址或摆脱地质灾害的故事，尤其是地质条件比较恶劣的一些县镇，巴东算得上一个。在巴东流传的故事里，主要是崔政权成功地帮助巴东人民一次次摆脱了地质灾害魔鬼的经历，他的工作还受到时任国务院总理李鹏、副总理邹家华等中央领导人的肯定，这种礼遇让同行们至今无法超越。崔政权无限风光，但了解他的人都知道，他为此做出多么大、多么艰辛的付出！

## 一、长达 11 年的黄土坡之争

三峡库区湖北省巴东老县城在长江南岸，因地势陡峻，难以从事大规模的营造，自古就是三峡诸县中唯一没有设城防的县城。同时，巴东县城也是三峡库区中自然、地质灾害最为频繁的一个地区。仅 1991 年 8 月 6 日，巴东老城发生的一次泥石流，就使 2591 间房屋受到破坏，1394 间房屋倒塌，3 人死亡，直接经济损失 4968 万元。巴东人多么希望永远摆脱地质灾害的魔影。

由于葛洲坝水利枢纽兴建后，水库回水到巴东，巴东也成为最早移民迁

建集镇的县。早在 1978 年，他们就请建设部门的一个勘察单位选址，选定位于老县城上游 1 千米左右的黄土坡为新城城址。1982 年 7 月，县城总体规划被批准并且开始建设，新城建设日新月异地开始了。1989 年，地矿部地质环境研究所在黄土坡进行地质勘查研究工作，发现新城区存在古滑坡，圈出了园艺场和变电站两个滑坡体。其中变电站滑坡体积 1300 多万立方米，前缘高程 225 米，高出三峡水库正常蓄水位 50 米，因此认为三峡水库蓄水对滑坡体没有什么影响，他们的负责地质勘查的是一位在国内有点名气的地质专家。

1992 年 6 月，国家某部负责主持的“七五”重点科技攻关项目《三峡库区拟迁城市新址环境地质研究》提交了《湖北省巴东县新城址黄土坡滑坡工程地质勘察报告》，该报告肯定了黄土坡新址。该部办公厅还为该成果发了文件——《关于转发湖北省巴东县城新城址黄土坡工程地质勘查报告评审意见书的通知》，《通知》中写道：“专家和代表对《报告》给予较高的评价，确认是一份优秀的勘查报告，具有国内先进水平。”



这个新址可是上面有名的专家选定的，巴东县有关领导与专家也看到了上级转发下来的《通知》，这样的评语的确让巴东人放心、安心和宽心，以为找到了一个可以建立安稳家园的地方，于是在黄土坡大兴土木，掀起了新城建设的高潮。截止 1991 年，黄土坡上的主体建筑已经建成，投资已达到 1.8 亿，巴东县城有些机关已搬到黄土坡。

可惜他们做梦也没有想到，家园还没有建完，更没有来得及庆典，地质灾害的魔鬼便接踵而至，预测这些魔影的人就是崔政权和他的同事吴永锋等人。

起因为 1991 年 8 月 6 日，巴东老县城遭到泥石流的袭击。这年年底，长江委勘测总队给位于丹江口的勘测一队下了一项任务，对巴东老城的泥石流进行地质调查，地质测绘范围包括了黄土坡区，吴永锋参加了那次测绘。在对黄土坡进行测绘时，勘测队员发现古滑坡的范围要比地矿部门划出的大得多，将来的三峡水库蓄水时对滑坡会有很大影响，吴永锋事后回忆道：

> 由于测绘完后已经是春节，我们只是初步整理了一个测绘报告，还没有提交。1992年3月，巴东新县城新址的地质论证工作开始了，地质测绘的范围也包含了黄土坡。再经过一些外业工作，我们对黄土坡大滑坡的认识又有一些深入，也发现了一些新的证据。

他们赶紧向崔政权汇报，崔政权尽快地赶到巴东。“随后的两天时间里，崔大师和我们一道将黄土坡滑坡的上上下下，前前后后，所有的地质异常点都跑遍了。看完后，崔大师对我们说：你们的认识是对的。”

当吴永锋他们提到地质环境研究所已经有结论，还有些顾虑时，崔大师对他们说：“你们年轻人在工作中一定要独立思考，不要迷信专家，不要迷信权威。”又严肃地对他们说：“就是我的话，你们也不要迷信，我也不可能永远正确，有时候也可能出错。”为了慎重起见，崔大师要求他们实施三个钻孔做进一步的验证，取出来的钻芯证实了吴永锋他们的看法是正确的，有一个地质灾害的魔鬼潜藏在这里。

崔政权慎重地在相关考察报告上签了字，表示同意这个观点，也就是说愿意承担责任。



最关键的是崔政权与巴东县顶牛的过程开始了，尤其是刚开始硬是互不相让。这实际上是在与权威专家叫板，其分歧持续的时间一直延续到2003年，进行了地质灾害治理的勘察后，上级相关部门专家们才承认崔政权他们的判断是正确的。如果这样算下来，硬是僵持了近11年的时间，几方顶得都有些精疲力竭。

新址选址不单单是自然科学问题，还牵涉到社会学等方方面面的问题，统一几方的认识是解决一切的关键，但要达到这一步真的好难、好难！几方交锋是存在，说得平缓一点是需要反复沟通，而特殊的位置往往让崔政权不得不冲锋在前。

最要命的是解决与地方上在选址方面的分歧容不得像跳慢四步那样慢慢地来，三峡工程截流的时间就是下限，崔政权和地方领导似乎都能听到成千上万整装待迁家庭的催促声。

崔政权最初到巴东来时同样是不受人欢迎的，当地干部对他议论最多的就是：这老头不是一个省油的灯，总是跟我们对着干，而且脾气倔。有的人背后就直喊他“倔老头”。事情缘于崔政权确定黄土坡真相后立马给他们来了一个下马威。那是1992年5月的一天，崔政权在四大家参加的相关工作会上给他们摊牌了：

“巴东绝对不能以黄土坡为中心开展新城建设，因为这一带是一个古滑坡体。另外，这一带不光地质条件不行，容量也不够，做县城中心新址没有拓展空间，应该另选新址建新城。黄土坡的建设要立即停下了，因为它随时可能出现滑坡等地质灾害。其次，白土坡一带虽然不是滑坡体，但潜在地质问题多，稍有不慎便会出现险情，要慎重地使用。”

崔政权的发言，的确给巴东县领导当头一棒，甚至有些不知所措，会场上的气氛用“凝重”二字概括一点也不过分。县主要负责人在会上说什么已不得而知了，反正有诸如此类的这样的情绪：黄土坡新址也是上面专家选的，怎么到了你眼里就不行了？而且他们的成果上级主管部门评价很高，这样的评价难道不算数？你说以黄土坡为县城中心不行，那你说哪里行，你得给拿个方案啊，我的新县城中心到底要迁往何处？

是啊！新县城中心到底要定到哪里，这是崔政权必须要回答的问题。崔政权首先得选个新址，下面的工作才能继续下去，其他的话也才能谈下去。这个要求真是不过分，崔政权会给巴东一个答卷的。他在吴永锋所在的一勘队选择的范围内，最后推荐白土坡上游的云沱—庙坪（西壤坡）一带为县城新址。

崔政权的不同意见引起了湖北省有关部门的重视，他们毕竟要贯彻上级领导的指示精神，一切听三峡城镇选址掌门人——崔政权的。当年8月，由湖北省人民政府主持的县城新址扩迁专家论证会通过了崔政权推荐的云沱—庙坪方案，嗣后经省政府批准将县城新址扩迁到庙坪一带。批准建到黄土坡的文件是湖北省政府20世纪80年代的文件，现在批准扩迁到云沱—庙坪方案是湖北省政府 20 世纪 90 年代的文件，上面领导也是根据情况的不断变化来颁发文件。领导更是尊重事实、尊重科学，有错必纠。

这无疑给巴东县领导提出了一个难题，已在黄土坡投入 1.8 亿元说放弃就能放弃吗？说巴东新城建在一个滑坡体上，不让我们再建设，这是不是危言耸听？那也是湖北省某部门，还有国家某部门认可的地方，而且负责地质勘查的还是当时一位有点名气的地质专家，专家的意见哪能错？怎么一到了崔政权的眼里就不行了？不管他。崔政权走后，巴东县黄土坡上的建设依旧进行着。

转眼到了 1993 年，崔政权再赴巴东城。他一到巴东就直奔黄土坡，看到那里的情况让他十分担忧。巴东人已在三道沟一带开挖了建筑物的基础工程。地基已呈现出滑坡体，且具有多层滑动面，结构复杂，如此地质状况，怎么还能建土建工程？崔政权立即劝阻县有关领导："三道沟一带的建设赶快停下来，千万别再搞了，否则要出事！"崔政权的意见也反映到县主要领导耳朵里了，但如一阵风吹过。

一年过去了。崔政权再一次踏上黄土坡时，三道沟的土建工程仍在进行，这说明县里根本没有放弃黄土坡之意。崔政权这次感到问题严重了，他反复在相关领导面前陈述其问题的严重性。

"这一带情况很复杂，地质灾害是无情的，稍一疏忽，即可引发出新的灾害。另外，白土坡一带的山比较高，而且结构都是石头、砂子，容易产生泥石流，很危险。可你们还在那里修公路，当心诱发泥石流。如果那一带是土，垮下的仅是一些房子。可石头从上滚下来，从上到下会把所有的东西一扫而光。"

巴东人用异样的眼光看着崔政权，这个老头说话怎么总是这样吓人，这话还是没有入耳，又被一阵风吹走了，他们依然我行我素。1994 年 8 月，崔政权同志向湖北省人民政府写了巴东县城黄土坡三道沟一带要失稳的报告，同时责令巴东县主管领导疏散居民和油库，在 209 国道上竖立"滑坡险区"标识牌等。崔政权只能做到这一步。

一晃1995年到了，崔政权再次来到巴东，对巴东人再次老生常谈，在三道沟和白土坡再次呼吁要严格控制建设，对已建好的地方他提出要搞好排水设施。对后一点建议当地官员采纳了，他们仅仅花了半个月时间突击安排建排水设施，其他的置之不理照搞不误。

面对如此强硬的地方阻力，崔政权突然感到自己是如此地势单力簿，而软弱无力。一天晚上，熟睡中的崔政权突然被噩梦惊醒，他梦见整个巴东新城滑到江底，他也因失职而被戴上了手铐。醒后，他周身大汗淋漓。

"不行！我要对巴东人民负责，向上面反映！"

4月，崔政权奋笔疾书写了《长江三峡工程库区迁建城镇新址地质条件论证情况通报》。关于巴东新址部分，崔政权特意用粗体字强调了巴东新城迁建的状况及必须抓紧进行几个方面的工作。

崔政权的通报得到了三建委领导的重视。5月，时任副总理邹家华在万县市召开的"三峡工程移民工作会议"上转发了崔政权撰写的《情况通报》。参加会议的常务副县长回到巴东后，将崔政权从1992年就开始写的《初勘通报》《详勘通报》，以及到1995年5月止崔政权提出的各种书面意见和警告记录在由县四大家领导参加的会议上宣读，觉得问题严重。纵观崔政权这几年让他们放弃黄土坡的一贯立场，他们感到也许崔政权是对的。于是会议决定，坚决采取措施停止黄土坡上的一切建设。

但已经太晚了！他们已经阻止不住地质灾害魔鬼的袭击了，而且付出了惨痛的代价。

巴东老城到黄土坡一带，有四条冲沟，分别是头道沟、二道沟、三道沟、四道沟。6月10日清晨5时45分，二道沟城建局宿舍楼前一带发生滑坡，体积达46000立方米，被埋11人，死亡5人，平湖路垮塌了60米，直接经济损失约1000万元，新华社和不少新闻媒体都报道了此事。

血的教训开始使巴东县领导进行反思，他们意识到地质工作的重要性。县领导在有关会议上多次重申："巴东县城的命运同地质环境紧紧联系在一起！"同时也认识到被他们冷遇几年的崔政权的价值。

8 月 2 日，巴东县政府给长江委综勘局发来“巴东县人民政府关于商请设立巴东地质工作站的函”，并聘崔政权为地质顾问。

这位顾问走马上任不几天就为巴东人民立了一大功。

8 月 6 日，崔政权重返三道沟，发现那里又要发生滑坡。他立即对随行的副县长汪盛均说：

“你要赶快将这一带的单位和居民疏散到安全地带，这一段近期又将要发生滑坡。尤其这里建的那个油库得搬走，否则滑坡下来引起大火，那可是特大新闻。三峡地区可是世界舆论比较敏感的地区，你们敢承担这个责任吗？”

那位副县长听完这番话后可吓着了，他马上表态说：“我们立即采取措施，马上疏散。”然后他又望了望离疏散带很近的一块地方不安地问崔政权：

“那一带需不需要疏散？尤其滑体东侧、三道沟东岸沟口姓陈一家需不需要搬走？”

崔政权看了看说：“那一带不受影响，那一户也不必疏散。”

那位副县长用一种担心的口气又问了一遍：“真的没有问题，万一……”他的眼光一下子碰到了崔政权那一双不容怀疑的目光，后半句自然地也就咽了下去。

随后的日子，滑坡区带的单位、居民、油库都搬迁到安全地带，而且还按照崔政权的要求采取了一定的防范措施，力图将未来灾害的损失降到最低点。将这一切安顿妥当后，县领导更多的时候还是把不安的目光停留在那一片崔政权说不用疏散的地方。同志们也暗暗为崔政权捏了一把汗，为他的预报，更为他说的那一片，尤其是那一户不必疏散的地段。万一有个什么闪失，尤其那一段万一也出现了滑坡，房毁人亡，这可是要担大责任的呀！有的人暗自嘀咕崔政权为什么不把保险系数弄大点，或者不要马上表态，只是说再观察、观察，再看一看。这样既得体，又不失身份，万一有个什么情况，本人又不需要担责任，地方上也不好怪罪，不少有名气的专家、学者不都是这样做的吗？他难道不怕因此事而身败名裂？

崔政权当时可没考虑那么多，他只想尽快地将情况向上级汇报，以引起重视。

8 月 15 日，崔政权赶写了一份《巴东县城区主要地质问题暨需要抓紧进行的工作》的报告，报送三建委、湖北省省长及巴东县政府，报告中仔细地描绘了即将发生的岸坡失稳形式等情况。

这个报告还引起了国内某些地质专家的关注。尤其报告中出现的“变形点（域）扩展轨迹”和“临滑坡起跳点（域）”两个新概念是国内外地质学中从来没有的。在三道沟滑坡预报中，崔政权同志首次提出了“临滑坡起跳点（域）”的概念，并定东侧和西侧两个起跳点，称若是东侧先起跳，是浅层失稳型，若是西侧先起跳，则是深层、整体失稳型。结果是西侧起跳，坡体整体滑动。

他们最初是从崔政权这年 5 月刚出版的第二本专著《长江三峡工程库区库岸稳态及崩、滑体专论》中接触这两个概念的。其前一个概念可实现国内外尚未解决的长期、中期预测问题；后一概念则是预测失稳形式、规模以及失稳能量的关键概念。专家们认为，这次滑坡如果预测成功，尤其这两个概念如果在滑坡中获得成功，可将岸坡的变形、失稳预测（预报）理论与方法论引向更完善、更可靠的境界，而崔政权又将成为该研究领域新理论的带头人，这又将是一个了不起的贡献。

10 月 29 日，这个早已让崔政权预测到的滑坡魔鬼又一次向巴东三道沟扑来。尽管它狰狞、不可一世，20 万立方米（预测方量）坡体失稳，209 国道、170 米，3 个单位和 3 户农户大小 6 套房屋成了一片废墟。当时的《中国三峡工程报》报道：滑坡体推向长江 80 米，在江中形成了约 8 万立方米的小岛，造成王家滩段江水流速由原来的每秒 2 ～ 3 米，上升到每秒 6 ～ 7 米。除了大型客货轮可以航行外，小型民用机动船只难以上行，港区码头损坏了，轮渡停航了，恩施州的长江唯一出口堵塞了。209 国道毁了 170 米，向长江推移了 40 米，柏油路面破碎不堪。农田被毁，2000 多棵柑橘树倒在田间，巴东县委、政府领导终于领略到这个魔鬼的厉害了。

最感到震惊的还是崔政权预报得准确，巴东人到滑坡现场一看，简直惊呆了。因为崔政权让搬走、疏散的那地段果然滑了下去；崔政权没让搬的地段没有留下任何灾害痕迹，上面的居民住房和单位全都安然无恙，巴东人感到不可思议。“神了！这可真是神机妙算，佩服！佩服！”不少巴东官员和老百姓奔走相告,他们在科学面前,尤其在崔政权大师面前彻彻底底地服了！

由于预报准确，防范措施得力，无一人伤亡，油库起火的灾害也避免了。地质专业人员到那一看，岸坡失稳形式与崔政权预测的完全一样，他创造的那两个新概念也在滑坡中获得了成功。地质界的同行为崔政权的成功，更为两个概念能正式导入岸坡的变形、失稳预测而感到高兴。如预报所说，那一家没有受损，称之为奇迹，崔政权又给地质界同行一个惊喜。那一家别提有多感谢崔大师，他们没有因为再次搬家、拆迁而遭受不必要的损失，他们由衷地体会到崔大师关爱三峡人、为三峡人着想的情怀。

回过头来再续巴东的故事。巴东新县城（2000 年）规划用地面积约 457 公顷，总投资 5.3 亿元。如果将新县城建在黄土坡—白土坡一带，意味着新县城又将处在地质灾害环境中，5.3 亿元的投资随时可能毁于一旦。假若当时不坚决进行调整，现在该是什么样的情况，实不堪设想——巴东黄土坡一带在高程 320 米、特别是 225 米以下，自 1995 年以来陆续出现平行长江展布的新的变形裂缝。由于崔政权顶住压力，加以阻止，将县城新址挪到云沱—庙坪一带，也便将以后世世代代的县城人民从地质灾害中解脱出来，所以人们由衷地说：“巴东人会永远记住崔总。”崔政权从此在巴东名声大振。

11 月 10 日上午，李鹏总理、邹家华副总理和川、鄂两省及国务院有关部委的领导坐船来到巴东，下船后直奔三道沟滑坡现场。同船而来的还有三建委三峡办移民局副局长杨启声，长江委副主任傅秀堂。

这时，傅秀堂安排崔政权到李鹏总理身边，先将崔政权介绍给李鹏和邹家华，然后示意崔政权可以开始介绍情况。崔政权先摊开图纸向两位总理进行讲解，然后指着滑坡现场对总理具体汇报他们这次应对地质灾害的全过程。

当李鹏总理听到由于提前一个月疏散了油库和居民，没有造成火灾和人员伤亡事件，而且岸坡的失稳形式完全符合预测模式等情况汇报时，很高兴，连声说："很好，很好！你们对巴东人做了一件大好事，为三峡工程排忧解难。你回去以后，是不是可以整理一套相关资料送给我？"

崔政权答应道："没问题，总理！"

李鹏总理对在场的人，尤其对崔政权说道："新城镇建设要充分考虑地质条件，要建设在稳妥可靠的地方。"

崔政权立即表态："长江委会尽职尽责，下最大决心把工作做好。只要地方上配合得好，新城镇是会建设好的，请总理放心！"

这是崔政权向党中央、向百万库区人民许下的承诺……

然后，崔政权站在李鹏总理身边合影留念，他的脸上绽出一缕欣慰的微笑，这照片一直都摆放在崔政权家里的桌上，直至他去世，整个家搬往上海。

崔政权应该有露出这种欣慰微笑的理由。巴东选址仅是他为库区人民建功立业的一个在库区流传较广的故事。这样的故事又何止是这一个？

时隔不久，周惟本带着崔政权亲自编制的12套资料来到北京，不仅到中南海送给李鹏、邹家华等中央领导，还给当时水利部部长杨振怀、张春园副部长及两院院士潘家铮各送了一套。李鹏总理要相关资料，可见他对此事件的重视，更是对崔政权处理此事的肯定。

## 二、崔大师是最好的风水师

原话是："地质人员不懂风水，但崔大师是最好的风水师。"说这话的是巴东原移民局邓明启副局长。崔政权为他们说这话提供了充分的依据，何止是黄土坡，崔政权一次又一次地帮他们预测出地质灾害魔鬼，更为他们选出了"风水"好的新城城址。

巴东县城白土坡一带新址，崔政权同志早在 1992 年 5 月予以否定，并认为不合理的开发定会诱发严重的地质问题。不出所料，白土坡白岩沟 8 号桥西侧顺向坡山体，因长距离切削坡脚，自 1996 至 1998 年间，先后三次失稳，失稳体积达 80 余万立方米，不得不投入千万资金进行治理。

到了 1995 年，崔政权同志对巴东领导严肃指出：巴东县城北岸的 209 国道选线的错误，但当地政府无改正之意，工程仍按规划实施。1999 年，焦家湾公路桥在合龙时垮塌，认定为"豆腐渣"工程，实际上是地质条件不行造成的，成为闻名全国的事件。当时对外报道时说的是施工质量问题，但潜在问题是整条公路都保不住，在水库蓄水后不少部位失稳、出现垮塌。

这当然都是一些后续的故事，巴东人一次又一次为崔政权预测准确而惊叹，对这位勘测大师彻底地服气了。

巴东原移民局副局长邓明启在接受笔者采访时感慨地说：

"崔大师为了给我们选址来了不止十次，那么大的地质大师那么多次地来到我们这个小小的县城，这就不算少了！巴东的地质问题复杂。黄土坡的地质选址时，我是从政府抽上来的，从头到尾都参加了。最早是湖北勘测地质院，规划是清华大学建筑系给我们搞的。

地质专家不讲风水，但他们最懂风水，给我们找了一个风水最好的地方——西壤坡。崔大师是最好的风水师。从巴东来讲，西壤坡是最好的一块可以安居乐业的地方。过去，西壤坡连一间砖房子都看不到，都是一些土墙

屋，几户家人，路都是3米宽坑坑洼洼的泥巴路，现在的西壤坡发生了翻天覆地的变化。”

笔者到巴东后，县水利局派车专门请原移民局副局长黄家块带我到西壤坡去看了一看。站在西壤坡，远处可以看到峡江，我们站的这一边的拐弯处，新建筑一群群、一排排地矗立着，非常密集但错落有致。县政府、政协、中医院、水利局都已迁到了那里。现在，西壤坡在巴东人的眼里可是风水宝地，要不然怎么对崔大师赞不绝口。

“当时修路花了千把多万，当时如果209国道的渡口不通，那可是大事啊！崔大师提前预知了，处理问题控制在最短的时间内。现在说这是一个伟大的贡献。”这是邓局长的原话。

邓局长还这样夸赞崔政权：

“崔大师这个人是干实事的，他是搞技术的专家，啥事都亲自动手。他每次来，听汇报时间很短，要亲自到现场看，拿着锤子敲岩石分析后，他才放心，除非有一些像吴永锋那样的得意门生勘测过的地方。他责任心特别强，对工作有感情，判断准确，有识有胆。后一点很重要，有的人有识，但他没有胆，怕承担责任，不敢说真话。崔总是既有胆又有识，这样的专家真难找！

吴永锋和崔总一样，工作好认真。对巴东的山山水水，本地人都没有他熟。他和丹江口的马敢林，把巴东的山山水水都跑遍了。他可是崔总一手带出来的，现在他们在这里依然有不少业务。”

现在巴东人除了夸崔政权外，已开始夸奖吴永锋了。崔政权在世时，吴永锋已经是长江水利勘测规划设计研究院副总工程师。这就是进步，就是成长，就是后继有人，这正是让崔政权感到欣慰的地方。一个大工程下来，能锻炼一批人。一个大师带出了一批人，崔政权对多少年轻人成长产生的影响不可低估。

时间已过去了10多年，在崔政权身边逐渐成长起来的年轻人到现在还佩服崔政权在巴东“10·29”滑坡前那次拍板，现在已成为勘测人员谈经验、教训的经典事例。2019年6月的一个下午，笔者参加奉节水利局为采访崔政权主持召开的那次座谈会，会上还有人谈起巴东“10・29”那次滑坡，看来这个故事已传遍了三峡库区，成为三峡人常谈常新的话题。

闫志刚，第二任奉节地质站站长，现任长江委奉节县岩土分公司主任，负责奉节新城建设地质安全把关工作。我这次到奉节，他全程安排与陪同，他跟崔总儿女差不多大。闫志刚现在也是地质把关的技术负责人，应该是长江委勘测第三代接班人了。当老同志们说起崔大师敢于担当的精神时，他又提起了崔大师对巴东“10・29”那次大滑坡的预测，在谈到了崔大师当时让哪些房屋撤、哪些可不撤时，他直夸崔大师真有魄力，真敢于担当：

“现在进入了21世纪，现在碰到重大的地质问题，特别是地质灾害，如果那个地方出现了滑坡，不稳，没有任何一个专家可以说：它是稳的，可以建的。离滑坡很近处需不需要移，谁也不会像崔大师那样敢冒着非常大的风险。哪里不好，就搬；不好，就治，大不了拿着钱撑着。谁敢为了帮着移民节省迁建经费拍着胸脯说：可以，没问题，你们不用搬※。敢为地方和移民节省经费承担风险，我真佩服崔大师的魄力和胆识！让我们在现在也不敢这样做，敢担这样的风险？”

※ 当时的移民经费是分片包干的。尤其对移民来说，搬一次家就是要伤筋动骨的，能让处在滑坡边缘的那家人能不动就不动，最好。为国家和移民能省就尽量省，是崔政权最大的善意。

奉节原移民局副局长刘长富也接话道：

“是的，我们都佩服他这一点。现在有了什么问题，专家最多就是提出治理方案，还提出治理经费，不就是多出钱嘛！可那个时候却不一样。那个时候三峡工程投资有限，崔大师还不是想给地方能省钱的尽量省钱，该花的地方就花，不该花的地方坚决不花。现在观念不一样，那个时候人都实在，多为地方着想。现在的人圆滑了，用钱顶着，没有风险啊！当然，现在钱也多了。”说完，刘局长笑了起来。

这段对话不得不引起笔者的深思：是的，现在的钱是多了，但崔政权那

种坚持原则、勇于负责、时时处处为移民着想的精神是多了，还是少了呢？崔政权身上具有一种“肝肠熙若春风，气骨清如秋水”的气质，现在的人是多了，还是少了，是不是考虑自己更多了一些？有些东西，钱是买得到；有些精神，多少钱也是买不来的，但它弥足珍贵，它们是事业得以支撑的关键所在！对于事业的追求，崔政权从来都是：以真为开始，善为过程，美为最终目的。这样的大师，谁能不佩服！

无私才能无畏，心有移民才敢担当，这正是崔政权让人仰视的地方。生前，崔政权的这种人格魅力没有停留在过去成功的岁月里，而且延续到他生命、工作的整个过程中。即使他离开人世，他的精神也并没有消失，潜移默化地传承到年轻人的行动中。的确如此，单位的年轻人只要听到三峡人说：“从你的身上看到了崔大师的影子”，就认为是对他最好的评价。经过三峡工程的锤炼，长江委除苏爱军外，已出现了一批像吴永锋、易名龙、张庆峰这样的地质勘测专业接班人。

# 第五章　来自秭归的选址故事

崔政权在地质上跟秭归打交道早于新城迁建选址。20 世纪 80 年代末，崔政权出任长江委勘测总队副总工程师后不久，就被委以重任，参加长江上游水土流失地质勘查工作。1989 年年底，崔政权跟着专家组从长江上游金沙江段沿江而下，在三峡也是挨个县到现场调查水土流失重点区域。到了秭归县后，他可为秭归人立了一功。

当崔政权一行来到鸡鸣寺采石场附近时，崔政权那一双火眼金睛就发现山坡山势异常，那架势随时想往下坠。崔政权对同行的秭归县领导说：

“这一带山体极不稳定，将发生较大规模的坍塌。为避免出现人员伤亡和重大财产损失，首先采石厂再也不能生产了，继续采石，只会加速它的失稳。另外这里一定要尽快建立变形监测网，监测山体变形情况，一旦出现较大变形，应立即将采石场下坡一带的居民撤离至安全区。”

崔政权一行走后，县领导严格按崔政权提示执行，首先关闭了采石厂。然后，在相关单位的协助下建立了变形监测网，时刻密切监视这个蠢蠢欲动的山体。一年时间过去了，它还老实。又过了半年，发现它开始动弹了，监测人员赶快发出预报，相关部门赶快疏散居住在附近的人员和财产。1991 年 6 月 29 日，一个让鸡鸣寺人不会忘记的一天，山体的下半部分果然垮下，一下子就扔给大地 60 多万立方米土石，顿时黄烟万丈，遮天蔽日。等黄灰散去，已退到安全地带的当地人再回到现场仔细看时，他们原来居住的房屋与活动地域已被掩埋到土石里，他们除了惊吓以外，还在纷纷议论着一个人：

“长办（库区移民调查，让他们知道了长办人）的崔总一年多前就说要垮，看吧！让他说着了吧，果然垮了吧，亏得咱们撤得早，要不也埋到

里面啦！”

“那老总叫啥子名字啊！”

“听说叫崔政权，这人可真神啊！”更知情的人答道。

这是崔政权为秭归人立下的头功，以后秭归人更熟悉崔政权那是他当上综勘局总工程师主持三峡城镇迁建选址以后。

秭归的选址也不省心。选址香溪镇、归州镇时，县领导制定的原则是：沿江（沿长江）、沿路（秭归县主要公路秭兴路）、海拔不要太高，最好是就地后靠就行了。1992年，崔政权带着一拨人来到秭归后，首先直奔相关城建部门按照他们的标准选的地方，随行的地方官员也跟着长江委人喊崔政权为“崔总”。县领导已接到了文件，知道这个叫“崔总”的老头复核签字后，他们才能动工建设。哪知崔总毫不客气地给他们泼了一盆冷水：

“这一带多是古滑坡体，地质条件也不成立，新城不能建到这里。我的勘测队明天从丹江口来，我们重新给你们选安全可靠的新址。”



果然，第二天一群说着河南话、扛着仪器的勘测队员开始在秭归大地上奔跑了。他们来自长江委第一勘测大队，崔总分配他们负责兴山与秭归新城迁建已选旧址的复核及新址寻找工作。

原丹江第一勘测大队副队长、后任长江岩土工程总公司（武汉）生产经营部副主任的张庆峰对笔者如此介绍：

我们在香溪镇辖区，再从香溪镇到归州镇，沿着江边一直上到山顶，又下到江边，沿线跑了两三遍。当时路况又很不好，很多地方公路都没有完全贯通，都要靠人走。而且很多地方都是山路，很陡，很不好走。我们一般都是早上出去，中午带点方便面什么的在外面解决，晚上总是很晚才回来。我们选中的地方，他们不一定相得中。香溪镇沿江一带没有建镇的地方，沿香溪河一线有较宽畅一点的地方，他们又不愿意去，说不利于城市的发展。后来，我们选中的好几个点，路途无论多远、多难走，崔总都要亲自去看一下。

崔总经常说：

“眼见为实，我从不光听汇报，这不是不相信你们。地质的事是最难用语言概括得精确的事，城镇选址是人命关天的大事，一点也马虎不得。”

“后来，经过多方比较、多次慎重的研究，我们提出将香溪镇与归州合并，选到一个地方，归州镇辖区陶家坡，也就是说一山两地用，山的这一边是香溪镇，山的那一边是归州。崔总在这个方案上面慎重地签了字，也得到了秭归的认可，最后也得到了湖北省政府的批准。以后连行政名称也合了，归州没有了，就叫香溪镇。”

张庆峰对崔政权的感情很深，那真是发自内心的。崔总病重后，他请假专程到上海看望崔总，可惜崔总那时已不能说话、认不出他了。我这次到三峡库区采访的行程全是他精心安排的，他给我要去的每一个县的地质工作站一一打电话，让他们落实被采访对象，连我坐什么车、到哪换车，他都为我考虑周全了。他绝对是一个办事踏实、心细，很好合作的一个人。他在接受我采访时，语速与表达时的停顿都是随着我的记录速度而来的，从这个细节就可以看出。他说：

“写崔总，无论是从公还是从我个人感情来说，我都要积极支持。”

有众多积极配合我写崔政权的人，现写到秭归就讲讲移民局原局长、政协原副主席田斌吧。

田斌早已接到我采访他的通知。我到了宜昌后给他打电话联系采访时间，并告诉我到秭归的时间，他让我住进他指定的宾馆。我到宾馆刚将箱子放下，就接到了他的电话，他已在大厅等候。于是，我们马上回到房间，采访开始，他开口的第一句话就是：

“刘记者，我本来上午要送孙儿去宜昌上新东方，因接受你的采访，推迟到下午再走了。”

我对此表示歉意，他却说：

“别客气，宣传崔大师，我支持！这样的大师不多，我佩服。没有崔大师帮我们选的好址，我们这些移民干部就睡不了安稳觉。”长江委人一直习

惯喊“崔总”，三峡人都是喊“崔大师”，田斌主席也不例外。

田斌到底是当过领导的，概括起来极有条理，他说：崔大师具有这样几个特征：

首先，他具有一种热爱移民的情怀，尽量满足移民的要求。

原规划设计部门选的郭家坝集镇的地址是崔家坪，地质条件还可以，但是在山里面，当地人都不愿意去。崔大师一来，移民干部就代表移民反映道：

“崔大师，崔家坪太远了，那里的交通、生活都极不方便，老百姓希望选的地方不离江，不离港，能不能换一个地方？”

崔政权明白了，立即带人重新选址，爬山考察了近两个月，最后选到长江边，满足了移民的要求。

第二个就是崔大师对移民迁建工作认真负责的精神。每个区的主体建筑建成后，他都要亲自去看看，尤其要绕到房后去看看它的地基是不是稳定。

第三个就是崔大师科学严谨的精神，判断地质状况的精准程度，否则他就不会在如此复杂的地质条件下为我们选定能够建新城的地方。归州大岭坡场镇的地质条件就很复杂，中国工程院的一位院士看了那里的地质条件说：在这样的地质条件下能建一个集镇，的确不易。



第四个就是崔大师那种拼命精神。崔大师每次一到秭归，一放下包，就听汇报。然后就将汇报的几个点挨个地跑一遍，有多辛苦，他全不在意，像他这样拼命的专家真是不多。

在秭归县，我还采访了原建设局副局长黄万隽，他说：

我最佩服崔大师对移民的负责精神。为了移民，他能吃万般苦。凡是秭归县新城的一些重要区域，他带着一班人都要跑个遍。那个时候秭归县除了山丘，更多的是土路，而且到处在施工。他晴天是一身土，雨天是一身泥。记得有次下大雨，他还要坚持打着伞出去，深一脚浅一脚地往山上爬。当时，他已是快六十的人了，爬起山来比我们还快。凡是所选到的重要区域，他都要亲自去看一看，并不是委托给下面的人就没事了。没有对三峡移民负责的精神与情怀是做不到的。

黄局长也是一位老地质了，参加过秭归的选址工作，在结束采访时还如此动情地这样说道：

> 我对秭归是有感情的。我 20 世纪 80 年代来秭归时，它还是一个旧县城，我闭着眼睛都能回忆起当时好多地方的样子。你现在所在宾馆的地方过去就是一个大土坑，现在这个上面建了一栋栋高楼，包括你住的宾馆。这个县城许多关键区域都是崔大师拍板选定的，地质工作都是我们做的。看着这个新县城一年一年发生变化，就像看着一个孩子一天天长大，我高兴啊！现在让我到哪里，我都不会去，我舍不得秭归。

这就是当地秭归人对秭归真挚的感情。

别说他了，就是我们曾看到过老秭归县城的人，再看到由于迁建新址旧貌换新颜的秭归新城，也会感慨万千。何止是秭归，凡是我这次因采访去过的县城，在我眼里它们都像一个个英姿勃发的青年，是那样生机勃勃，充满朝气，蒸蒸日上，而且秭归还是一个有着几千年历史的老县城，她也焕发了青春。

我发现三峡人对自己的新县城都有一种自豪感，我到了几个县城都被安排了一个重要内容就是“逛新城”！

我到秭归当天，原移民局副局长、现水利湖泊局副局长向伦昌正在武汉办理移民后续规划相关事宜。他听说我要去，电话遥控安排两位退休老局长田斌和黄万隽二人先接受我的采访，于是就有了前面的情节。采访结束后，向局长安排他局里的郑劲红带着我到新县城主街道逛一下，我也就恭敬不如从命了。

小郑十分热情开朗，美女一个。我夸她年轻时，她立马拿出手机让我看她 6 岁儿子的照片，帅气可爱。我跟她说起我来采写崔政权一事，她说不知道这个人。我问起她的年龄后就说你肯定不知道，崔大师在你们这一带频繁活动时，你才几岁。我心里暗暗嘀咕道：真有必要将崔大师在三峡的事迹写

出来，让三峡的下一代也知道，否则他们还不知道他们住的新城城址是谁选的。小郑从西南民族大学毕业，学环境设计的，家在宜昌，考到秭归县移民局，每天开着车上下班，可见现在秭归到宜昌有多方便。

她开着车沿着几个主要干道转，我坐在车上边看心里想：崔总，这可都是在你选的地方建设起来的。现将秭归县与武汉周边任何一个县城相比较都不逊色，城市功能齐全。如果非要比有什么不同的话，这里的街道与平原城市相比更多了一些蜿蜒起伏，依山而建的楼房更多了一些层次感。各种树木更多，在山风的吹拂下摇着满满的绿意招人喜爱，山区特有的薄雾在太阳的照射下慢慢在散去。看到这里，我突想起黄万隽局长讲他 20 世纪 80 年代刚调到秭归从事城市建设管理工作，外出作业都有这样的感受：上午，雾特别大，能见度不到一百米。快到中午，雾才渐渐散去。黄局长说，修了三峡工程后，新城再也没看见那么大的雾了，那更多的雾都到哪里去了？小城空气中更多的还有湿润和清新的味道。

车子开到沿江大道，有一个景点能够引起游人的兴趣，那就是好几个地方都能远远地看到三峡大坝，不少游人都在以此为背景拍照片留作纪念。185 米高的大坝建筑物站在秭归的方向看去，就像一排积木横卧江上，怎么也看不出巍峨感。我以前几次从不同的角度近距离地看过三峡大坝，但站在这么远的距离看三峡大坝还真是第一次，不管怎么说还是感到很亲切。我让小郑以三峡大坝为背景给我照了一张相，留下了远视的三峡大坝的背景。

转完新城后，小郑将车开进了他们单位大院。单位大门口悬挂着“秭归县水利和湖泊局”“水利工程移民局”“河湖长制办公室”三块牌子。三峡移民工程基本上结束后，秭归县水利局与移民局合并，更名为秭归县水利工程移民局，办公地点就在原移民局大楼，这座五层楼的建筑也是面朝着三峡大坝。我一进机关的院子，向局长就迎面走过来连说：

“欢迎！欢迎！你站在这座围墙边，把你的手机给我，我给你照一张以三峡大坝为背景的照片。”

我站在不高的一堵围墙边摆好了姿势，向局长很快一按手机照片拍好后，我拿过手机一看，果然，三峡大坝就在人后面的背景上。我问向局长，崔总到你们单位来过没有？向局长说：没有。我也没再追问为什么，可能当时移民局的大楼还没有建成。如果崔总到这里来了，肯定也要与三峡大坝合影留作纪念，那可是他大半生为之奋斗的工程啊！

向局长将我引进他的办公室，首先向我讲了他到武汉的缘由。我们的政府是一个负责的政府，三峡移民工程运行了 20 多年了，尽管绝大多数移民拍手叫好，但总还是有一些不尽人意的地方。随着移民工程渐渐接近尾声，还有一些慢慢暴露出来的问题需要解决，他这次到武汉就是反映相关问题的，至于能不能解决，那要看在不在政策允许的范围。

向局长可是一位在职的老移民干部。新城选址时，他刚参加工作到移民局，小年轻一个，他伴随着新城一起成长，现任水利湖泊局的副局长，继续兼管移民工作。他参加了大部分新城选址工作，所以谈起崔政权选址这段往事，如数家珍，谈得更详细更具体。

“首先，崔大师对地质工作严肃认真，关心关爱库区，对库区人民感情真挚。”这是向局长接受采访时说的第一句话。然后，他开始展开叙述：

秭归是库区最大的新县城选址县，老城全部被淹，距离原老城水路 37 千米，陆路 70 千米，位于区域的中心位置，近两万人搬迁。新城选址工作从 20 世纪 80 年代就开始了，选了 5 个地方，即剪刀峪、九里坪、银击泡、万古寺、楚王井，到底定到何处，当时争论得十分激烈。

崔大师带着一班人对这几个地方反复比较，还安排地质钻探队进行钻探，最后选定剪刀峪作为现在的新城城址。现在看来，崔大师的决定非常正确。※ 由于选址准确，没有折腾，结果使秭归成为三峡库区搬迁距离最远的一个县，但又是搬得最早的一个县。刚搬来时，不到两平方千米，人口不到 3 万。现在 20 年过去了，已发展到 9 平方千米，人口已发展

※ 像当时候选地之一的楚王井，过去建过城，地下的文物都不知有多少；而且那个地方小，新城规划施展不开。

到 12 万。从秭归到宜昌原来坐车要 4 个多小时，现 50 分钟就到了；到武汉原要一天时间，现半天就到了。

秭归现在所在地过去叫茅坪，是库区唯一山区与平原交替地方，地质条件比较好，有扩展空间。如果目光短浅选到别的地方，秭归的发展就不是现在的秭归了。

“第二个方面，我讲一下崔大师对处理回填砂的贡献。回填砂是我们县的主要地质灾害问题。新县城回填砂不下雨时性能较好，下暴雨时斜坡一带回填砂很容易流动。所以，从 1994 年到 1995 年期间，崔总带领长江委勘测科研所联合同济大学对如何处理回填砂进行专项研究，并提交了回填砂专项研究报告该报告详细论述了回填砂工程性状、回填砂岸坡加固处理措施、回填砂地基与基础处理措施等，为新县城建设提供了让人放心的解决方案地质依据。”



到三峡采访后，我发现这样一个现象，好多被采访的当地干部介绍起情况来，时不时地冒出一些地质专业名词，而且有的人讲起专业来，还很通俗易懂，一套一套的。看来 20 多年的迁建工作，他们也耳濡目染了相关的地质知识。不过，崔政权在三峡处理了许多地质问题，可为什么在秭归处理回填砂还作为业绩被当地的干部记住，还慎重地提出，看来此项贡献非同小可，

这倒真的引起了我的兴趣。回到武汉后，我采访了时任秭归县地质工作站站长张庆峰，他将崔政权的这个贡献讲得更具体：

秭归新县城面积约50公顷（相当于原县城的淹没面积），系花岗岩区，原始地形沟壑纵横。新县城场平方式是将挖了的两个山包的土填进沟里，这势必存在两个问题：

> 一是填方区的地基如何处理？填入地基的料——回填砂如何处理？二是回填砂岸坡稳定问题，如新城新县城区的那些回填砂就是花岗岩风化砂，大小混杂，再加上地表水的作用，这种地基很不容易压实。如果地基与基础处理不当，新建房屋将产生不均匀变形，危及新建房屋安全。另外，回填砂岸坡在三峡水库水位变动作用下，容易产生变形、塌方。所以，当时的填方岸坡稳定问题比较突出。地方上没有技术实力处理这两个问题困扰着当地政府，那段时间秭归新城建设速度很缓慢。

秭归县政府邀请崔大师前去指导。崔政权是个将移民迁建的事当作头等大事的人，立即奔赴现场查看，建议进行专项研究。随后秭归县政府委托长江委综勘局负责，长江委综勘局联合同济大学两家的专家成立了对新县城花岗岩回填项目组，对回填砂进行专项研究，崔政权任总负责人。经过长达半年认真的研究，项目组提出对新县城回填砂岸坡稳定问题进行了评价，对回填砂地基与基础处理提出了处理意见。崔政权还亲自现场指导数栋新建高楼场地的回填砂地基与基础综合性补强处理，达到了良好的效果。后来，为了在秭归推广这个新工艺，崔政权倡议：长江委综勘局与县建设局联合成立一个公司，负责处理秭归县的回填砂的地基基础处理。最后这个新工艺在秭归得到了推广，秭归没有一处房子因出现不均匀沉降而产生变形，三峡水库蓄水后回填砂岸坡也没有出现较大范围的塌方。

经秭归县有关部门自己核算，这项新工艺直接经济效益达2800万元、间接效益达 6000 万元，此项成果后来还荣获湖北省科技进步一等奖。

也就是说，这个项目不仅得到实践的检验，产生了直接的经济效益，更得到了权威部门的认可，头功应属执牛耳者崔政权。难怪向局长在接受采访介绍崔政权事迹时，还将其单独作为一条进行介绍。

现在再回到对向局长的采访。向局长最后谈到了崔政权的第三个贡献，那就是崔政权对秭归集镇搬迁方面的贡献。

秭归要淹 8 个集镇。崔大师带领长江委勘测人员反复地做勘测工作，提议将原 16 个集镇合并到 12 个集镇。选的沙镇溪、水田坝两个镇地质条件相对好一些，其他的虽然可以建，但是让人不是很满意。让人比较揪心的地方，崔大师不知来过多少趟，一个一个地去看。崔大师记着郭家坝集镇所在地崔家湾，那里有一处流水，三峡工程蓄水后就没有了。他担心这股水潜入地下，会对老百姓的房子产生破坏影响，他硬是追踪着看有没有什么大的问题，直到找到答案，他才放心。



最后，向局长还说了这样一件事：

崔大师最后一次来秭归，我和他一起到郭家坝的郑家坡，那里出现了滑坡，他要去察看。崔大师去后，很快提出了处理意见，又为地方上解除了一个心腹之患。在返回的路上，崔大师对我说：“我来秭归这么多次都没有去屈原的诞生地去看看，这次想了却这个心愿。”

向局长答道：“这完全应该，早就该带您去了，可您每次来就为选址忙碌，根本没时间转景点，这也是我们的疏忽，我现在就带您去。司机，往乐坪里开。”

“好哩！”司机爽快地答道。崔政权每次到秭归都是那两个司机给他开车，崔大师为秭归的付出，崔大师的为人，他们都看在眼里，记在心里，为大师做什么他们都乐意。

司机马上调转车头，车子朝乐坪里的方向奔去。当时是枯水季节，吉普车在干枯的河床上开，在荆棘杂草中穿行，很快将崔政权带到了乐坪里。

崔政权了却了心愿，看了屈原——世界伟人的出生地。可崔政权不光是看伟人故里，他那个专业的眼光还有另外的发现，在回来的路上对向局长说：

“乐坪里简直就像三峡地质博物馆，三峡地区的地质奇观在这里几乎都涵盖了，太珍贵了！”然后，他围绕着这方面的内容又滔滔不绝地讲了起来，也是他的职业本能，到哪干什么事都离不开他的老本行，那次一直到晚上七八点钟才回到招待所。

向局长在最后结束采访时情不自禁地感叹道：

“我幸亏那次带崔大师去看了屈原出生地，否则我会留有终身的遗憾，我也没想到那次是崔大师最后一次来秭归。”

现在的秭归新县城是秭归人民值得骄傲的秭归，更是崔政权近20年前期待的新秭归。笔者去的时候，秭归县刚刚召开了“纪念秭归搬迁二十周年纪念大会”，想象得出来会议的规模，出席人员多少不知道，但县四大家主要领导肯定都到会了，连向局长都到会了，否则他手上就不可能有县长在会上所做的工作报告。开会时的热烈气氛就不用说了，单就县长做的工作报告的内容来看，就很激动人心。他这是代表县四大家向全县人民所做的纪念秭归搬迁20周年工作报告，笔者真想，不！秭归人民也想让远在天国的崔政权也能知道，让他知道在他选出的新址上建起的新城20年来发生了什么样的变化，让他在天国能心安理得地休息。于是，笔者将它一转换，将那份报告改为秭归县父老乡亲给远在天国崔大师的一封信，但愿远在天国的崔政权能够收到：

崔大师：

您好！

您在天国还好吗？不那么忙那么累了吧？今年是秭归搬迁二十年纪念日，我们秭归许多父老乡亲还在想念您，特想让您知道二十年来秭归发生的新变化。

20世纪90年代初，由于您带领着长江委一班人对秭归县新城选址采取一种积极主动和认真负责的精神，为我们选出了新城址。1992年

12月26日，秭归县新县城开工的炮声终于打破了剪刀峪千万年来的静默。

1998年9月28日，秭归县在三峡库区率先实现了整体县城搬迁，开辟了秭归发展新天地，开启了秭归一个新时代。

20年来，全县大地山河巨变，书写了发展新画卷。首先是经济实现大跨越。地区生产总值从13亿元增加到130亿元，增长了9倍；公共财政预算收入从0.96亿元增加到7.8亿元，增长了7倍；社会消费品零售总额从4.91亿元增加到53亿元，增长了10倍；金融机构存款余额从7.02亿元增加到178亿元，增长了24倍。

这20年，是秭归改革开放以来经济社会发展速度最快，质量最好的时期。农业实现了从传统到特色的跨越。从小而全的粗放农业到以"两果两叶"为主的特色农业，创造了一年四季产鲜橙的发展奇迹。柑橘年产值突破30亿元，涌现出柑橘销售"亿元村"，我县荣获"全国柑橘产业30强县"，秭归人民谱写了《橘颂》新篇章。工业实现了从小作坊到现代工厂的大跨越。我县工业历经了凤凰涅槃的过程，由资源型的"砖瓦灰砂石煤"小作坊脱胎换骨到现代化的大工厂，形成了光机电、食品加工，纺织服饰，新型建材等优势产业集群。

文化旅游实现了从配角到引人注目的跨越。由老县城屈原祠的一枝独秀到凤凰山、九畹溪、三峡竹海、月亮花谷等的百花争艳。A级景区数量在全省县城领先，由单一的观光旅游发展到休闲，体验，农旅融合等多种旅游业态。文化得到了大繁荣，《峡江船工号子》《秭归花鼓舞》摘取全国群星奖桂冠。

商贸物流实现了从传统到现代的跨越。从小商小贩到大超市，大市场，电子商务如雨后春笋般涌现，电商销橙让千年脐橙从峡江走向了世界，我县成为全国电子商务进农村综合示范县。

县城变大了。1998年县城东迁时，城区面积只有3平方千米，人口只有3万多。如今，县城城区面积拓展到10平方千米，人口达到12万多，相当于再造了两座县城，"两园三区"的县城大骨架形成。宽敞明亮的明珠大道、滨湖大道四通八达；迷人的徐家冲港湾成为人们休闲健身的好去处；金缸城新区新城形象开始显现；九里生态工业园拓展到河东片区。秭归县城犹如一颗璀璨的明珠镶嵌在坝上库首。

乡村变美了。乡村集镇通过搬迁改造，集镇功能明显增强，乡村污水处理和农村生活垃圾收集处理实现了全覆盖。特色小镇正在兴起，离地运动小镇、漂流小镇、橙香小镇、康养小镇等各具特色的小镇正在峡江两岸绽放，涌现出西陵峡、王家桥、响水洞等一批美丽乡村。

城乡变畅了。全县公路总里程近 6000 千米，是 20 年前的三倍。这里面也有你勘察过的路基。

生态环境更美了。在第 74 届威尼斯电影节上秭归荣获“中国最美外景地”称号。县城先后荣获“中国人居环境范例奖”“国家园林县城”“省级环保模范城市”称号。秭归县城长江两岸绿意盎然，水天一色。这一切的成就得益于国家对三峡库区的投入，得益于秭归人民的努力，也得益于包括你在内类的一切建设者，秭归人民当然忘不了为秭归新县城选址的以崔大师为代表的地质勘察工作者，因为你们是新县城地基的最初奠基者。崔大师，如果天国与人间之间真的有特别通道，欢迎您来看看在您选出的新址上建设成的秭归新县城，秭归人民感谢您，想念您！

祝您在天国一切都好！

秭归全县人民

2018 年 × 月 × 日

远在天国的崔政权，您收到这封信了吗？里面的内容或许不全是您最关心的，但有这一点不能质疑，没有您主持为秭归选出了新城址，他们就不可能在上面修建出令人叹为观止的新城，更不可能在新城里面演出波澜壮阔的“电视剧”，所有的秭归人都是演员，他们都在上演美好新生活。他们希望有更多的观众观看，最希望来的观众首推崔大师，远在天国的崔政权。但愿您能接收到他们发出的特殊的信件，真希望人间和天堂之间有特别信使。

# 第六章　地质工作站——城镇迁建的守护神

歌德说："责任就是对自己要求去做的事情有一种爱。"

一个人越敢于担当大任，他的意志就越坚强。如果一个人的胆识与能力都具备的话，他没有什么该讲而不敢讲的话，没有什么该做而不敢做的事，没有他不敢承担的责任，只会勇往直前地去完成他视为至高无上的使命。

如果说，崔政权最初对三峡城镇迁建工作无比热情是出于总签字人的一种责任，到后来他继续主动地担当大任——城镇迁建守护神首领，那真的是爱上这个事业，爱上三峡人了，他将对三峡百姓负责到底视为己任。



## 一、城镇迁建呼唤出地质工作站

没有崔政权的提议，就没有三峡各县的地质工作站；没有地质工作站，三峡城镇迁建就缺乏守护神，给三峡人民建一个安稳家园的路就会走得更艰难。

作为三峡库区移民选址勘察的总负责人完成了选址勘察工作已经是很圆满了，每月的巡视将发现的问题反映一下也尽到了责任，但崔政权的要求更高更远，更高到对移民负责到底，对国家负责到底；更远到对历史负责到底。

崔政权首先考虑要在三峡库区找一个常驻的前方指挥基地，好靠近统筹安排库区选址、迁建过程中出现的问题。也就在进入库区的第二年——1993年，他的这个愿望实现了，而让他实现这个愿望的是一个过去叫（地级）万县市、后来叫（重庆市）万州区的地方。

万州地质工作站的前身是长江委万县市办事处（简称"万办"）。长江委委机关在武汉，为了工作需要，在 20 世纪 70 年代曾在北京设了一个驻京办事处。“万办”是长江委继组建北京办事处后的第二个委驻外办事机构，可见当时长江委对三峡的重视。1993 年 3 月，经长江委党组批准组建驻三峡的“万办”。同年 5 月，在长江委万县市办事处正式成立，隶属于长江委勘测总队，办事处主任由勘测总队总工程师崔政权兼任，常务副主任是原丹江一队的副队长涂崇应。办事处还设有一个总工程师，由周兴志担任。1994 年 5 月，长江委勘测总队已更名为长江委综合勘测局。第二年 5 月，综勘局将“万办”划归长江委重庆勘测研究院管理。“万办”是为适应三峡工程建设需要而成立的，也是长江委在万县市的派出机构与工作的“窗口”。

谈到崔政权为什么能在三峡库区成立“长江委驻万县市办事处”还要提到一个人，他就是万县市移民局总工张勇。笔者这次到万州去采访，区政府的吴纯华还提到他。如果说要推荐采访对象，张勇最合适，他跟崔总的关系很好，最了解崔大师。崔大师每一次来万州，他都全程陪同。但张勇总工已去世。

在万州工作了十多年的王吉祥在办事处一成立就任副主任，一直在那里干了十多年，太了解崔大师与张勇的关系了，他说：

“张勇对崔总佩服得五体投地，佩服崔总的专业技术水平、他的为人、他刚正不阿的性格，还佩服崔总的精神。崔总每一次来，他都全程陪同，而且早已发话，一切服从崔大师，按崔大师的办。张总可是专家型领导，他本人是地质大学毕业的，只不过他是找矿的，与崔总所学的专业不一样。”

在库区有一个专业相近、能了解自己所做的一切的内行领导配合工作，真是一件让人高兴的事，崔政权在库区有什么事第一个想到的就是张勇。崔政权提出长江委勘测总队在万县市设立长江委驻三峡库区办事处的建议，张勇表示立即向市领导汇报，帮忙落实，最终在崔政权进入三峡的第二年，办事处得以成立。

当时“万办”的主要任务主要有三项：

首先是在三峡工程建设期间及水库蓄水后，沟通四川省境内（现为重庆市）13个县（市）与长江委之间的联系，交流工作信息，反馈各县（市）同水库建设有关的意见、建议与要求。

其二，立足于长江委在勘测、水文、规划、设计、水保、科研、通讯与机电等专业技术，为适应（扩建）13县（市）130个乡镇级的建设做全方位的服务。

其三，围绕三峡工程移民规划工作，开展库区移民迁建选址地质论证，滑坡调查及监测，中型水电工程的勘测，设计，施工及工程监理，道路、桥梁、岩土工程的勘测与设计等主要工作。

…………

好家伙，一个小小的办事处承担的任务与职责竟如此庞杂，几乎将长江委的主要专业业务都囊括了，可见它的地位和作用多么重要，这说明崔政权的初衷已化为领导的意图和行动。他在三峡的这一步迈得如此坚定与有力，在这里还应该感谢时任长江委勘测总队队长陈德基。我曾写过一篇报告文学《矢志于长江地质之旅》，专门宣传陈德基的。长江委一位读者看了以后对我说：从陈德基身上我要学如何立志，只要努力，一切皆有可能。陈德基是励志的典型，一个中专生在长江委成长为第一个中国工程勘察大师。陈德基任长江委勘测总队队长后，崔政权任总工程师。1994年长江委勘测总队改为综勘局后，陈德基又任局长，按照后任局长陈飞的评价：

“陈德基局长相当重视与支持崔总的工作，他们俩库区、坝区有分工，同时也相互支持。”的确如此，万县办事处在那么短的时间里成立起来，与陈德基的积极支持分不开，陈德基还主持了万县市办事处的成立大会。

王吉祥至今还记得办事处成立大会结束后的情景。那已是到了中午用餐的时候，与会代表一起去用餐。当时，陈德基总队长就说中午就不喝酒了，让甘三才主任不安排了。崔总本来也是一个不喝酒的人，而且每次吃饭都讲究从简，快吃快走。哪知那天他晚来了一会，一看见没有酒，就用筷子敲着碗就喊道：

“小甘，怎么不上酒？你们年轻人喝呀，你们要好好跟地方的领导喝，看谁厉害。”

这种神态，崔政权以前没有过，以后很难看到，他是真正的高兴啊！了解崔政权进入三峡的人都知道，他从进入三峡刚开始被拒绝，到现在终于有了自己的前方基地，这一路走来是多么不容易啊！崔政权真的想举杯庆贺一下，庆贺城镇迁建选址取得的成果，庆贺前方指挥部的建立，他要甩开膀子大干一场。但崔政权也知道，前方绝对是路漫漫，九曲回肠；山遥遥，峰回路转，他还需要继续努力。

马克思曾说过：“永恒的运动与永恒的破坏和建设——这就是生活的本质。”中国建筑史上从来没有过的大面积开花似的城镇建设开始了，这不仅是有史以来的第一次，今后估计也不会重演。全国许多地方来的施工队相继开进三峡工地，它们带来了隆隆的机器声，更带来了不可预测的麻烦。

的确，三峡城镇迁建工程是前所未有的建设工程，大家没有任何经验或教训可借鉴，当时更没有监理等的一系列规范管理措施。施工中原来存在的地质问题需要及时解决；施工时需要监理，防止建设者乱挖乱填，造成新的地质问题，这些地质问题会在整个三峡库区多个建设工地层出不穷地出现。地质工作是移民迁建工作的基础，地质问题随时解决，才能保证迁建工作顺利。三峡库区短时间内大规模的建设所产生的地质问题复杂多样，崔政权每月在三峡库区的巡视，总有处理不完的地质问题。尽管已有了办事处，但还是无法掌控遍布全库区的施工。

1996 年初夏的一天，当崔政权再次来到奉节宝塔坪施工现场，看到大规模开挖边坡而无任何防护时，不由自主地说：再这样下去是要出大问题的。……回到宾馆，他又是一夜未眠。

崔政权突然觉得即使自己长了个三头六臂，眼观六路耳听八方都是不够的。他肩上的重担何止千钧，一个人是挑不起来的。即使有一个万县市办事处也是不够的，还要进一步借力。也就说，在各个县都要安上眼睛和耳朵，将自己的下属安排到各县替自己瞭望，替自己把关。一般的问题，他们可以及时处理，特殊问题自己再到现场处理。

第二天，崔政权就迫不及待向三建委有关领导打电话谈到三峡库区分县建立地质站的必要性及可行性，得到了领导的肯定和支持。崔政权立即以综合勘测局的名义给三建委移民局写报告，正式申请在三峡库区建立地质工作站，建议所需经费在三峡移民迁建专项经费中支出，此报告很快得到批准。但三峡库建设资金是分包到县的，除了移民选址的前期勘察经费外，没有任何其他资金渠道，要建地质站资金只能向各县争取分配给他们的建设经费。

为此，崔政权在三峡库区各县不断呼吁、甚至是请求建立地质站。1997年，长江委勘测局向秭归、奉节、巴东等县发出了设立地质站的商请函，同时也请三建委有关领导协调。

秭归是三峡库区第一个建立地质工作站的县，张庆峰任第一任地质工作站站长，说起来起因还是源于地质灾害对他们的教育。

位于湖北的秭归为葛洲坝水利枢纽库区，葛洲坝大坝蓄水后，回水到了秭归，老香溪镇八字门，包括政府一带的堤岸都出现了剧烈的变形，秭归县人民政府用葛洲坝工程相关经费经过整治后才得以控制住。所以从那时起秭归县领导就知道，城镇迁建工作与防治地质灾害紧密相连。也就是说，是地质灾害让他们醒悟得较早，知道应该防患于未然，帮助防范的应该有一个常设的专业机构。



在秭归县，崔政权还找到了一个知音，那就是县移民局局长吴志国。吴志国对崔政权崇拜有加。他不止一次地对秭归县第一任地质工作站站长、现武汉岩土公司经营部副主任张庆峰说过：

“崔大师是我所见到过的少有的干实事的专家。他首先是一个实干家，实事求是，对地方负责，是一个能为地方解决实际问题的专家，而且能吃苦。这样的专家我佩服，我们愿意听他的。”

张庆峰发现崔总和吴局长很谈得来，俩人到了出现问题的现场总是在滔滔不绝地交谈，吴局长一提出相关地质问题，崔总就给予完美的解答。一次在一个灾害现场，面对着因蓄水而出现的地质灾害，吴局长一方面感谢崔总在出现地质问题后很快地赶到了现场，另一方面他又说：

"如果身边有专业人士就好了，可以早点发现地质问题，将问题消灭在萌芽状态，免得酿成灾害了再去解决，既浪费经费，更有风险。"

崔政权立即接过话说道："吴局长，我有一个想法想跟你沟通一下，如何？"

"什么想法，你尽管说。"

"我要抓全盘，无法时刻顾及每一个县，总是县里出现了地质情况，给我报告后我才能赶过来，很多时候容易误事。我想在秭归建立一个地质工作站，配备专业技术人员。平时遇到什么地质问题，他们随时可以解决；如果碰到复杂的地质问题，他们给局里反映后，我和局里的专家都可以过来解决。你们就在移民经费里拨一点钱作为他们的工作经费。差额部分，他们通过相应的工作来解决。我已经跟三建委报告过这个方案，他们同意我们的设想。想在你这里做第一批地质工作站试点，你看如何？"

吴局长听完崔政权的这段话，立即答道：

"我完全同意，回去后就向县主管领导汇报，取得他们的支持。地质工作站就在我们移民局办公，我们给你们腾出一个办公室，吃饭就在移民局食堂吃，我们还要帮着解决地质工作站人员的住宿问题。先给你们拨八万吧，作为启动经费，崔总你看如何？"

崔政权当然高兴，马上回答道：

"我回去后就向陈局长汇报，请他来主持秭归地质工作站成立仪式，与你们县领导一起亲自为地质工作站挂牌。"

陈飞 1996 年年底出任综合勘测局副局长，后来出任综合勘测局局长，秭归应该是陈飞局长为此事最早踏入的一批县，除了它以外还有奉节。

奉节地质工作站挂牌会是 1996 年 9 月 18 日上午，在奉节县二招会议室召开。时任奉节县县长陈孝来出席挂牌会，县委副书记肖敏（兼新县城管理委员会主任）、副县长白在清，县移民局局长王和彩及副局长，县政委相关领导都到会，可见奉节县对这次挂牌会的重视。

陈飞局长首先代表综勘局致辞。他在致辞中向奉节县委、政府及各有关

方面对长江委综勘局工作长期给予的支持、信任、帮助表示由衷感谢。他介绍了长江委的职责，特别强调三峡工程勘测设计工作是国家委托给长江委的一项重大任务，综勘局对三峡库区的移民迁建工作高度重视。综勘局始终遵循周恩来总理生前的教导，以“战战兢兢，如履薄冰，如临深渊”的慎重态度在开展工作。1992 年以来，在勘察大师、局总工程师崔政权的亲自领导与指导下进行全库区城镇迁建的初勘、详勘工作，为规划设计打下了坚实的基础。

他说，现在新城迁建工作正在加紧进行。为了更好地利用宝贵的水土资源，避开和有效防治不利的地质因素，我们在奉节设立地质工作站，将为新城迁建这项千秋伟业，当好参谋，做好咨询，搞好服务，让奉节人民放心。

王和彩局长代表奉节移民局致辞。他在致辞中特别讲到要“尊重科学，尊重地质”，表示要做好地质工作的协调工作，请地质站把好关，每次形成纪要，加快 1996 年 9000 万元投资任务的完成。



两位主要领导致辞后，崔政权总工宣读奉节地质工作站成立文件，陈孝来县长宣读奉节地质工作站批复文件。

这次采访邓永泰时，他曾给我看过几张有关地质工作站成立时的照片。从奉节的这张照片里，时任综勘局陈飞局长正笑容可掬地给地质工作站授牌，接牌的人是易名龙，年仅 34 岁，任奉节县首任地质工作站站长。陈飞当时是副厅级干部，一个副厅级干部给一个科级小站授牌，可见长江委综勘局对此的重视程度。那牌子上头用红绸缎做的红花套在上面，牌子是长条形的，也就是常见的那种单位招牌，上面写着“长江水利委员会奉节地质工作站”，挂在县政府指定的办公地点大门口，让该县的百姓们都知道。

会议结束后，奉节县领导退席，崔政权主持下面的会议，开始唱主角，他宣布了地质工作站的主要职责是：为三峡库区移民新址建设当参谋。

其主要任务是：城镇建设中的地质工作；上万个农村居民迁建选址工作；中小企业迁建选址工作；建立地质灾害点档案。

除了最后一项工作外，前三项每一项工作都重如泰山，它们重重地压在年仅 34 岁的易名龙身上了，他勇敢而坚定地承担了起来。第一任地质工作站站长们都是青春派，有的还不到三十岁。易名龙和其他地质工作站站长们之所以有这种底气，是因为他们的背后有崔政权这座靠山，他们每迈出关键的一步，崔总都会为他们把舵领航。

地质工作站成立两年后，长江委综勘局就召开了“长江委三峡库区地质工作站第一次工作会议”，邓永泰提供的一张照片再现了当时的会议场面。在会标下面，综勘局陈飞局长居中，崔政权总工居左，徐福兴副总工居右，一个小小的地质工作站的年会局主要负责人都参加了，可见是多么重视。第二张会标是“长江委三峡库区第二次地质工作会议”，会标下坐了四个人，一个是陈飞局长，另两个是崔政权总工和徐福兴副总工，另一个是所在县县领导。据邓永泰介绍，每次召开地质工作站会议，所在县县领导都表示重视，参加会议。往往是县领导讲完话后就离开，地质站站长们接着召开相关的工作会议。

县领导们尽管挂牌和工作会议都到会了，但开始时，崔政权建立地质站的初衷在库区各县领导中并不都能理解，有的甚至有抵触。因此，地质站的工作一开始并不是很顺利……

地质站办公室就设在县政府内。最初，县移民局按上级要求从下拨的移民经费里批款 10 万元，有的只给七八万元，只能维持地质站基本的开支，就这点钱有的县领导还认为是多余的，毕竟这占了他县的移民经费。关键是刚开始他们并不清楚地质工作站是干什么的，认为是一个虚设机构，还有的人认为地质站也是过来分三峡移民经费一杯羹的。所以，有这种想法的领导就不积极配合，更多的时候将地质站的同志们晾在一边。

一次，崔政权和苏爱军到云阳的时候，一位移民局的领导就当面对他们发牢骚，说移民经费那么紧张，还要养一个虚设机构，有什么用？尽管崔政权、苏爱军进行了据理力争的解释，但那个领导也就是一笑了之，看得出来还是没有认可。

但随着工程的不断推进，更随着地质问题的不断暴露，地质工作站的作用不断显现出来。

首先给崔政权带来佳音的是奉节县地质工作站。

奉节的地质条件比秭归差多了，地质问题暴露得也多，在选址时就一波三折，但在处理相关地质问题上奉节是积极的，尤其是陈孝来县长。他要解决不断暴露的地质问题，身边急需配备专业人员。所以，崔政权一提出要建立地质工作站，马上表态支持，很快指示下面移民局办好相关事宜。1997年3月，奉节就挤进了库区成立地质工作站的第二方阵。时任第六工程勘测处技术科副科长易名龙兼任奉节地质工作站第一任站长。※地质工作站成立不久就遇到1998年大水，奉节地质站为奉节人民立了一大功，地质站的形象终于在奉节人民心目中树立起来。

※长江委勘测总队改为综合勘测局后，各大队改为工程勘测处。

那年夏季，天“漏”了，瓢泼大雨不停地下着，江河暴涨，开始泛滥起来，长江中下游很多地区都被水浸泡着，三峡库区也不例外。8月初，奉节老县城依斗门至小南门一带的江堤随着江水退下出现了大面积变形，孙大岭一个有着两千多年历史的城墙被雨浇得变了形，往长江方向推移了十五六厘米，危险波及两栋十二层的楼房及其附近居住的一两万人。时任县长陈孝来立即到了现场，面对险情急得满头大汗。搞不好要出大事、出人命的啊！他不知如何是好，不知如何处理。

在三峡大坝未修好之前，长江中下游每至汛期都要进入临战状态，百万军民奋战在沿江大堤上，与洪水搏斗，水利工作者更不例外。’98洪水时，长江委不知有多少技术人员战斗在抗洪前线，为抗洪抢险提供技术支持，每至汛期冲进雨水中似上战场已成为许多技术人员的常态，在三峡库区地质工作站工作的长江委人也不例外。

险情就是命令，奉节县时任站长易名龙带着地质站的人迅速赶到灾害现场查看了险情，他对身旁着急的陈县长说道：

“陈县长，灾害面前让我们共渡难关，地质站会助你一臂之力。我提出两点建议：一是对变形区及其周边进行戒严，疏散区内居民，在戒严期内只准出不准进；二是立即布置变形观测网，观察变形区发展趋势。在雨季内，你也没办法马上修复破损的城墙。只有等着雨季过后，我再告诉你如何处理基础，进行抢修。不过目前是涨水时期，问题还不大，水对墙体会有一定的扶持作用，就怕退水时产生的拉力，将开裂墙的裂缝进一步拉大。我现在的任务是负责组织地质站的同志们在现场24小时不间断地观测，监测变形的发展趋势，每两个小时向县政府报道一次变形发展趋势的相关数据。你们也好做到心中有底，酌情安排对策。

另外，你要做最坏的打算，迅速安排相关的抢险人员。不怕一万，就怕万一。还有……”易名龙又将其他注意事项讲了一些。

陈孝来县长紧紧握着易名龙的手深情地说：

“这里就拜托你了，我把手机和座机号码给你，请你每两个小时报告一次变形情况……有什么困难尽管提出来，后勤保障由我们负责，让我们共渡难关吧！”

在以后的时间里，易名龙安排地质站一班人轮流在灾害现场值班，每半小时监测一次变形体的裂缝张开宽度等变形数据，每两小时向县政府报告一次相关数据。临战时刻不过如此。

这次灾害已引起了奉节全县人的关注，流言蜚语此起彼伏，人心惶惶。为了稳定民心，陈孝来干脆将地质站报的数据每两个小时在当地电视台滚动播放，让全县百姓都知道实情，一直持续了3天，直到变形趋于稳定，终于帮助县政府稳定了人心。

等水退了以后，易名龙等又协助奉节对城墙进行维修，消除了心腹之患。

“通过这次事件的处理，县领导终于理解了崔总的苦衷，奉节地质站更是一下子成为当地百姓的明星，声望提高了许多。从那以后，奉节对地质站的工作特别支持。”易名龙讲完这个故事后，还转达了当地政府官员对崔总的评价：

“崔大师在帮我们几经周折完成选址后，还建地质工作站，对地方政府

迁建工作负责到底。这个老头替我们想得太周到了！”

讲完这个故事后，易名龙说道：“崔总对三峡地质工作站的建立是一大创新。地质工作站建立后，将三峡移民地质工作从单纯的勘测选址，发展到协助地方政府将三峡城镇建设落到实处。因为有了地质站，一方面在地质上把关，另一方面遇到了地质问题可及时提出解决办法，为三峡城镇建设提供了有力的支撑，少走了许多弯路。崔总将新城选址、建新城的许多问题都超前考虑到了，地方上更有主心骨，迁建工作更好办了。”

万州地质工作站也有这样的故事。

由于张勇对崔政权的理解与信任，办事处转为地质工作站不仅没有受阻，反而受到重视。县有关部门还规定地方上凡是开辟一个新区之前，一定要请地质工作站的同志先去看一看；有什么地质问题，一定要先找地质工作站来提出处理意见。碰到什么大问题，地质站就一个电话打给崔总，请他直接过来诊断。



万县五桥区双峰滑坡是开挖过程中出现的滑坡，而且还产生了比较大范围的变形破坏，地质工作站的同志马上请崔总过来。崔政权过来后，提出了如下诊断意见：

这里的滑坡滑下来多少土，就清理多少，直到清理干净，然后再进行高边坡的维护措施。它不会因滑坡的进一步破坏而造成破坏。

当地的施工者照章行事，整个工程完工后，正如崔政权所说的这一带的滑坡体再也没有产生新的破坏，附近的几栋楼房也没有受损。

通过地质工作站大量的工作，尤其是对地质灾害的处理，各县领导对地质工作站工作的认识有了一个质的飞跃。地质工作站成为移民迁建的守护神，移民工程没有因地质问题出现受阻现象，就是地质工作站辛勤工作的结果。后来，三峡工程最高领导机构——三建委移民开发局发文明确表示要进一步加强地质工作站的工作。

“三峡建设在中国水利史上是史无前例的，崔总坚持站在对历史负责的高度考虑问题。我们要继承崔总的精神，对三峡人民负责到底。我们竭诚为三峡人服务，地方上的人也开始认可我们了，有事也愿意找我们做。”易名龙还出衷地这样说道。

的确如此。人在工作中往往会有这样的收获，你出于事业的需要在开拓一个领域的时候，推进事业的同时，它还会以另一种方式回报你，崔政权在三峡库区各县建立的地质工作站就是这样的范例。

当市场经济的大潮席卷而来的时候，中国的企业都要中流击水，崔政权任总工的勘测总队也不能避免，也存在一个找市场的问题。市场危机四伏，综合勘测局下属有的勘测处甚至出现发不出工资的困境，他这个当总工的也感到压力倍增。如何走出困境？这也是勘测总队长和当总工的经常考虑的问题。

长江委驻各县的地质工作站在新城迁建的过程中，提出了解决一系列地质问题的方案，口口相传让不少外地建筑工程承包商也对他们这个地质把关的部门高看一眼，在新城建设时也愿意将相关项目交给他们做，于是一些项目接踵而至。大量的城镇迁建工程有多少地质工作要做，各勘测处在为三峡人选择建设新家园迁建新址的同时，三峡的迁建经费也在帮助他们，不少单位终于借势慢慢走出了困境。

易名龙对奉节地质站在项目方面的拓展做了一定的介绍：奉节县白帝水泥厂变形体整治是他们在三峡库区走市场的第一个项目，那个大额项目也是他们接的第一个边坡治理工程项目。现在的项目金额已由几十万上升到上千万。云阳有一个立交桥项目，经费就是2100多万。

在万州担任了十年地质工作站站长的王吉祥介绍道：

万州岩土公司每年都有几百万的项目，都是与移民迁建相关的项目，这就是品牌效益。我们现在与地方上都形成了一个相互信任、依赖，真诚的合作关系，他们要我们的技术，我们要他们的经费做支撑。移民迁建项目已完了，现在做的都是一个个后期发展项目。

三峡新城的建设工作还在继续，各县的地质工作站站长已换了几任了，地质工作站还在那坚守着，现在的地质工作站已与地方建设融为一体了。现

在地质工作站上面的总部叫长江岩土工程总公司（武汉），还是延续崔总在位时的做法，每一年都要召开一次地质站长工作会议，总结工作，交流经验，推动工作。

建立地质工作站对单位是一个双赢的工程，这已被越来越多的事实证明，这是崔政权最初没有预料到的。崔政权为移民迁建事业带来了支撑，更拓宽了业务范围，为单位的发展带来了机遇，他的这一举措功德无量。

## 二、群测群防，将地质灾害置于天罗地网下

如果说地质工作站是三峡城镇迁建的守护神，那么群测群防就是地质灾害的天罗地网，这也是崔政权要求布置下的。

从毛泽东时代过来的人，谁都熟悉认可毛泽东提出的人民战争思想。尤其在三峡 13 个县、100 多个集镇进行迁建工程，对地质灾害的监测仅靠每个县地质工作站的几个人也是不够的。崔政权从毛泽东的战略思想上受到启发，监视以千计的地质灾害点，一定要打人民战争，他提出的观点是“群测群防”。

“测”也好，“防”也好，它的对象就是地质灾害。

地质工作站仅是每一个县主管治理地质灾害的中枢神经，而几张监测网就像遍布全身的神经末梢，都罩起来了，将地质灾害点置于严密的监控之下，它们稍一有动静，就马上歼灭它们。

这里专门讲一下崔政权为三峡人建立的几张无形的监视网络，即地震监测网、崩滑体预警监测网、库岸变形监测网、库岸再造监测网等等，而且都记录建档。这有点像前面提到的各地公安分局，将所属地区的犯罪嫌疑人建立档案，将他们监视起来。崔政权对地质灾害这样的“敌人”就是将它们先记录在案建档，分清类别，再采取不同的措施，各个击破地进行治理，将它们消灭在危害三峡人民之前。

早在 20 世纪 80 年代，要组织进行三峡工程 150 方案干流与支流库岸稳定调查，长江委勘测总队也派员参加。那次调查共查出滑坡崩岸 1000 多处。

前面也提到过，崔政权1992年接手城镇选址工作后，组织力量全部又进行了复核，基本上掌握了“敌情”。在1993—1995年期间，崔政权亲自主持编制了《三峡库区崩塌滑体档案》一书，配发了图片与图纸。也就是说将这些“敌人”按地域、按性质分了类，同时进行了预警选点。何为预警选点？就是将可能要出现地质灾害问题的地方先标出来，提前发出警报，让人们更好地事先采取相应的措施预防，从而将灾害损失降到最低限度。

光知道哪里有“敌人”还不够，还要了解这些“敌人”哪一些是已经蠢蠢欲动，需要马上跟它们交手的。

1996—1997年间，崔政权又组织了对那些需要治理的库岸与崩滑体进行调查。刚刚调查完毕，就迎来了1998年大汛的考验。由于峡江水猛涨所造成的崩滑，除了新开公路等人为因素外，诸如重庆市的麻柳咀，涪陵的上、中渡口以及巫山县的唤响坪等大型滑坡，都是记录在案的部位。由于提前有预防，都将灾害损失降到了最低点。

三峡库区岸坡的变形监测工作没有付诸实施前，崔政权考虑到岸坡的变形、失稳是三峡库区主要的地质问题。自1995年开始，他一方面进行库岸变形监测网的设计研究工作，同时又在巴东黄土坡、兴山大峡口、云阳宝塔、涪陵师专以及在重庆钢铁公司等具特大威胁的部位建立GPS网和钻孔倾斜仪进行监测，以获取这些部位在自然状态下的“变形背景值”。到了1997年，崔政权的《长江三峡工程库区滑坡泥石流预报3S工程可行性论证报告》就问世了，他不断地引入新的科学技术，后面还有专章讲述。

身为总工程师的崔政权，有多少要事缠身，但在摸查建档方面他为人师表、身先士卒。现任长江勘测规划设计院副总工程师的吴永锋是崔政权最喜欢的得力干将之一，他在崔政权去世后几次写文章纪念自己的导师，在一篇文章里，他这样写道：

“那时候，笔记本电脑和数码照相机都还是稀罕之物，只有崔总才配备了这些东西，才会使用这些东西，他是能者多劳了。每次巡查结束，崔总都要撰写出厚厚的巡查报告，报送有关部门。

崔总曾对我说，他的笔记本电脑里储存了几万张他拍摄的各种地质照片。2005年，我作为技术负责人从事三峡库区移民工程高切坡防护的有关工作。7月里的一天，崔总交给我一个移动硬盘，说是他拍摄的高切坡照片。我打开一看，文件的大小竟达7.5GB，里面有几千张各个区县的高切坡照片，而且按照区县顺序整理得好好的，每张照片都编写有说明。”

崔政权的电脑里有几万张相关照片，仅高切坡的就有几千张！崔政权将这些照片不仅一一拍下来，而且全部整理出来，还一一写了照片说明，这需要耗费他多少时间？最后他又全部无私地贡献出来，给吴永锋这样的相关技术人员用来处理地质灾害用。

最早启动的还有一个地震档案，这还真是一个值得回顾的工作。

三峡库区尽管是弱震区，但众多的城镇建在其中，对地震的监测还是必不可少的。早在1958年6月，著名地质学家张文佑首先提出要在三峡坝区进行微薄弱地震观测；1959年，第二次长江三峡科学技术研究会上决定由长江流域规划办公室建立永久性地震观测机构，长期观测坝区微弱地震活动。第二年7月，根据上级部门的指示，正式成立了长办三峡区工作指挥部地震台，从此开始了三峡区域的地震监测工作。到了崔政权进驻三峡后，此项工作又有了进一步的推进。

1993—1995年间，崔政权同志决定以兴山、万州、涪陵和重庆为中心，分别进行地震烈度复核与地震危险性分析，对全库区建立了系统的地震档案，同时设立流动站进行监测，以获取自然地震“背景值”。三峡工程区域地壳稳定性评价与水库诱发地震的预测研究成果为三峡枢纽工程立项提供了重要依据。也就是说，几十年地震测监工作也为三峡工程上马助了一臂之力。

据国家有关部门审定，在原地震监测系统的基础上，建成的三峡工程水库诱发地震监测预测系统已达到了国际先进水平，这里面也有崔政权的一份功劳。

几乎所有的勘测成果，崔政权都会以档案的形式将它保留下来。“档案”

并不是他的创新，但建立三峡库区系列地质档案，他当之无愧是第一人。这就是“大帅”的水平，他总是能想到你还没有想到的，看到你还没有看到的，做到你还没有做到的；等有的人想到、看到时，他已经提前做好了，你不得不服。

上面更多的都是专业化队伍的行动。在当时“3S 工程”※自动化监测系统工程还没有实施的情况下，为了有效地实施库岸变形、失稳监测预报工作，在对专业化队伍调兵遣将的同时，崔政权又将眼睛盯到了最基层的三峡民众中，他们才是群测群防的基础，只有群测群防才能张开监视地质灾害群魔的天罗地网。于是，崔政权提出先建立以乡镇为基本单元的群众性监测网。

※常规测试（TRL）和全球定位系统（GPS）、人工机器人（SRT）及遥感技术（RS），简称 3S 工程。

群众参与，就要科普先行。崔政权的提议得到重庆市移民局的支持，2000 年 6 月 15—30 日在万州区举办了首届重庆库区乡镇一级“滑坡监测员”培训班。

那次重庆库区乡镇一级“滑坡监测员”培训班，是在万州凯莱大酒店举办的，由长江委综勘局主办，万州区移民局承办。培训人员是三峡库区乡镇的基层观测员，有 50 多个人。培训班开班的那天，县分管领导还到培训班讲话，表示祝贺。

授课的人是崔政权本人，他利用笔记本电脑和投影仪，深入浅出地对发生在三峡库区的地质灾害种类进行讲解。由于主要是针对滑坡与库岸稳定进行监测培训，用投影仪投到银幕上的好多是这方面的实例，有已发生的、还未发生隐藏的……这些图片全是崔政权几年来在三峡库区巡察的时候精心地用数码照相机拍的。他拍完以后，晚上回到宾馆不顾一天的劳累，又一张一张地整理出来，编写照片说明，分类归档。崔政权的电脑里有一万多张这样的图片，那次讲课也仅是其中很小的一部分。由于是在万州上课，崔政权举了好几个万州的实例，如百州下滑坡、豆芽棚滑坡、枇杷坪滑坡、太龙古滑

坡，还有一些崩岸的实例等等，还主要对每一个的滑坡体或崩岸有变形会产生什么样的破坏，哪里是向斜、哪里是正斜，对地表、表缘如何观测，出现了险情如何撤离更做了一些有针对性的讲解。

这两天的教员就是崔政权一人，中途没有一个人缺席，万州区相关领导，包括移民局张勇总工也一直坐在下面听课。当时，崔政权已被评为中国工程勘察大师，开始带博士生了。就这么一个高规格的教授给最基层的观测员上普及课，可见崔政权对群测群防的重视。

从另一方面，还说明了崔政权的为人。笔者在采访过程中，不少三峡人都不约而同地谈到，崔大师没有架子，很平易近人，他跟我们很谈得来，所以我们都佩服他，尊重他，支持他的工作。

崔政权曾在《东方之子》栏目接受记者访谈时这样说过：

“按照常规的做法，老百姓愿意地方上让他搬到哪里，就到哪里，根本不考虑地质灾害。后来，他们就考虑我们选的这个地方靠不靠得住，这是他们最担心的。在我查勘以后，认为现在搬的城镇基本上安排在可靠的地方，我们的任务就是把可能出现的地质忧患消灭在萌芽状态，我这个做到了。现在总理提出来要强化自然意识，这个思想如果贯穿到每一个老百姓思想中就好了。我们这个工作有 50% 的自然科学，50% 的社会科学，如果能将我的思想贯彻到这里地方的领导与群众思想中去，那就好了。我必须做出这样一些选择，将科学的智慧转化为群众的智慧。这就是为什么从开头不怎么理解、不接受，到现在欢迎、依靠地质专家，这本身就是专家的知识慢慢地贯穿到群众中的结果。”

崔政权接着将各乡镇的库岸变形监测任务交由这些监测员负责实施，即在全库区“撒网”。当然，这个撒网也一定要在地质工作站与当地领导的统领下。崔政权同志每年汛期都要求本单位驻库区各县地质工作站的同志对峡江干、支流两岸组织巡查，以求对可能出现的崩滑等突发性事件做出超前预报，或至少做到心中有数。笔者这次到石柱采访奉节县移民局原局长孙开武同志就谈到了每至汛期，他有一项任务就是带领相关人员到预警点去进行巡

察，看来这已成为当时地方政府一个非常时期的规定动作。几年来，特别是1998 年 7—9 月间发生崩滑事件 126 起，但均未发生过人身伤亡事件，这都是由于采纳了崔政权同志的汛期巡查、提前预报的结果。

三峡移民工程之所以被称为是一个系统的工程，因为它涵盖了诸多的领域。从大的方面说，它不仅包括了地质工程学、人口经济统计，还包括了社会科学，包括群众工作，等等。所以，一个成功的移民工作者应该是多种才能集一体的全才、大家。经过几十年三峡移民工程的锤炼，长江水利委员会涌现了一批这样的全才和大家，崔政权是其中的杰出代表。

## 三、将别样的地质世界介绍给世人

在三峡库区，崔政权什么时候都闲不下来。往往他闲的时候，可能是为三峡人制造下一个惊喜的时候。建造“奉节地质博物馆”就是崔政权闲的时候在奉节的创意，让奉节人至今还受益无穷。

前面提到过整个三峡库区，奉节属于地质条件最为复杂的地区，也是崔政权来得最多的一个县。那还是 1993 年，崔政权为复核新城城址到奉节来了。那一次的选址工作进行完后需要向奉节“四大家”汇报，可当时县委书记不在，县长将崔大师多留两天，并指示下面的人带着崔大师好好在奉节转一转。

就这样，崔政权难得有这样的空闲时间在奉节玩了两天。奉节人当初可能怎么也没有想到，这两天对他们却如此地至关重要，因为崔政权为他们开辟了一个新兴的产业。

中国在慢慢地走向富裕，自打中国人时兴旅游开始，过去的穷山恶水在玩的人眼里却变了样。同样是在山区里转，一般的人可真是看热闹。你看那奇峰像不像骆驼？哦，那个怪石更像个乌龟！哎，这里的瀑布太棒了，来，我给你们照一张相。于是，几个人摆个姿势，女同志将纱巾披到肩上，手或举高、或往旁边伸展来个舞蹈动作，照相人手机这么按一下，一张景、人合影照就成了。照片里面的人笑逐颜开，景美、情美，人更美，这就是普通人的玩法。

作为地质专家崔政权这两天玩得可不一般，因为所有的山山水水在他眼里都是地质符号，似曾相识，都能找到一个相关的地质名称给它戴上，崔政权走着、瞧着还真是发现了“新大陆”。第三天在“四大家”参加的选址汇报会上，崔政权代表长江委对奉节领导汇报选出了“口前—三马山”方案，在座的领导没有马上接受，结果也就不了了之。可当崔政权介绍了这两天的观感，尤其是最后结束发言时说的那几句话，顿时调动起在座领导的情绪：

“夔门，是三峡的代表；三峡是天然的地质宝库。难得啊！难得！尤其是你们奉节的地质构造真是太齐全了，几乎所有的地质现象在这里都能找到物证，简直像一个地质博物馆。小寨村的天坑地缝，应该是国内之最，这可是老天爷赐予奉节人的风水宝地，不将它开发利用起来真是太可惜了！我建议你们奉节建立一个地质博物馆，尤其要将天坑地缝好好开发出来，这些都是多么丰富的旅游资源，开发地质宝库这件事应该引起你们的重视，应该具有广阔前景和深远意义。”

在座的奉节领导可真的激动起来了，围绕着这个议题反倒深入地讨论下去，将选址的事搁到一边了。

何止在奉节，崔政权自1992年年底就开始在三峡各镇、县，对各级党政领导进行说服工作，让他们重视三峡旅游资源的开发。

奉节在选址方面较费周折，可真让崔政权伤透了脑筋；可在推动旅游产业方面领导们真是听崔政权的，事后积极行动，下功夫落实。

1992 年年底工作会议期间，时任奉节县县长在县人民代表大会上做政府工作报告时就说：奉节原来的旅游是很松散的、自任的，这不适应市场需求。以后，我们要将旅游作为一项产业来抓。

时隔不久，奉节在宝塔坪修建了一个地质博物馆，馆内还有动画投影，介绍三峡地貌的形成，博物馆吸引了不少到奉节的游客前去参观。奉节县县领导从 1996 年开始自筹资金开通南岸兴隆镇三角坝的盘山路，而且是按照国道的标准修好，汽车可直达“天坑”“地缝”等旅游景点。他们还将“天坑”好好开发了一下，从坑口到坑底修了一条蜿蜒曲折的梯道，总长度为 2.7 千米（2800 余台阶），便于游客上下。自从“天坑”“地缝”等景点开通后，奉节县 1998 年以来每年都可接待数以万计的游客。

奉节尝到甜头了，他们还想乘胜追击、扩大战果。2000 年 8 月 29 日奉节县政府在本县主持召开了“奉节天坑地缝地质研讨会”，特邀请崔政权参加，还让他在会上做了主题发言。会后，《重庆日报》《中国三峡工程报》新华社重庆记者站等多家媒体纷纷报道。

崔政权在宣传中发挥的作用更不能低估，因为他是介绍这些景点的主角。比如《重庆日报》在第四版头条出现醒目的标题《三峡库区是世界罕见天然地质博物馆》，其文中这样报道：

> 在日前召开的奉节天坑地缝地质研讨会上，多年从事三峡地质研究的长江委综合勘测局总工程师崔政权介绍，三峡库区保存有地质历史上完整的地层、古生物剖面以及揭示地球变革的所有构造运动遗迹。三峡库区是世界罕见天然地质博物馆。
>
> 另外，三峡的标志夔门，还是揭示长江发育史的钥匙。奉节县兴隆镇一带有世界上最大的漏斗“天坑”，最深的“地缝”和地下洞穴、暗

河组成的水文体系，完整地记录了三峡地区自更新世以来所发生的演化历史，是揭示长江分离处的主要依据，被称为三峡地区地文史的“活化石”。崔政权还认为：三峡地区丰富的地质资料，是全世界少有的，是我们这个文明古国的巨大财富，也是地质科研和科普教育的极好场所。

长江三峡地区是全球难得的地质宝库，开发这一宝库必将成为促进库区经济文化发展的支柱产业之一。

新华社重庆8月28日电的记者这样写道：

经过长期大量的野外勘察和科学研究，我国科学家认定，三峡库区是世界上少有的天然地质博物馆，几乎记录了地质历史上的全部重大事件，汇集了丰富的地质景观。

在日前召开的奉节天坑地缝地质研讨会上，多年从事三峡地质研究的长江委综合勘测局总工程师崔政权介绍，三峡库区保存有地质历史上完整的地层、古生物剖面以及揭示地球变革的所有构造运动遗迹。



崔政权解释说，地球的形成可以追溯到47亿至50亿年前左右的时间，又经过20多亿年，开始出现空气和水。三峡地区保存的23亿年前左右的变质岩系，是地球造就的最古老的地层系列。在地球变革的几乎所有重要时期，三峡库区都保存着完整的地层系列和揭示动植物演化过程的化石。

崔政权告诉记者，三峡的标志夔门，还是揭示长江发育史的钥匙。科学研究认为：大约在20多万年以前，长江以奉节的夔门为界，其西为金沙江，其东称扬子江，各自奔流在四川盆地和江汉平原。后来，两江相互袭夺并凿开雄厚的山体连在一起，形成了现在我们所称的长江，但它们是如何凿开夔门的，至今还是谜。

近年来，三峡地区相继发现了“芙蓉洞”“天坑”“地缝”等大量喀斯特溶洞，被国际洞穴界视为洞穴探险和研究的胜地。奉节县兴隆镇一带由世界上最大的漏斗“天坑”、最长的“地缝”和地下洞穴、暗河构成的水文体系，完整地记录了三峡地区自更新世以来所发生的演化历史，是揭示长江分离处的主要依据，被称为三峡地区地文史的“活化石”。

崔政权认为，三峡地区丰富的地质资料，是全世界所少有的，是我们这个文明古国的巨大财富，也是地质科研和科普教育的极好场所。

如此深奥的地质问题让这位地质大师解释得通俗易懂，他的名字也随着这些媒介让更多的人知晓。崔政权不图这个，而是自觉地以振兴三峡经济为己任，将三峡人的事当作自己的事做，为推动三峡的旅游产业从事科普工作。“三峡地质博物馆”“天坑”“地缝”等景点在西南地区开始变得远近闻名，最起码成为三峡游人的多选之地，促进三峡旅游业的发展。崔政权不单单是一个地质专家，在三峡人眼里，他有着大感情、大胸怀，难怪三峡人对他感激不尽。

在三峡由此兴起的旅游产业成为加固崔政权与三峡人之间的感情链条，三峡人对崔大师的工作更信任、更支持了，尽管当时迁建工作还没有最后结束，但前景终归是美好的。

# 上篇结束语

在上篇结束时，笔者想再现崔政权在《东方之子》里的一个画面——崔政权对记者说：

我有一次到三峡库区一个镇上，那是8月份，天特别地热。我在前面的一天走，感觉到后面有风，回头一看，原来后面有一个老太太给我扇扇子。第二次是下午五点多钟了，我还没有吃中饭，一位老人就马上煮红薯送过来给我吃。第三次是下雨，他们就打着伞一直把我送到江边。第四次还是送到江边，要开船了，他们就放鞭炮。

我说："你们放鞭炮是不是不希望我再来了？"

老乡们说："这是欢送，欢迎你再来呀！"

最初，崔政权进三峡是被拒绝的，他一路倔强地走下去，走得辛苦，但值得。三峡人对崔大师的感情，已由敬佩发展到爱戴。老百姓不善言辞，他们要说的话在扇子摇出的风里，在一口咬下去渗出甜汁的红薯里，在遮风挡雨的伞上，在震天响欢送的鞭炮声里。三峡人真心地欢迎崔大师再来。

崔政权在《东方之子》里还对记者说：

在我的心里有一个愿望，等到2009年三峡库区移民全都能安居乐业的时候，我一定要到曾经选过新址的城镇、乡村去走一下，看一下。希望那个时候，三峡人还能记得曾经有过这样一个倔老头。

"崔大师，欢迎您再到三峡来！"在天堂的崔大师，您能听到三峡人的呼唤吗？正如《东方之子》结束时的最后一句，"东方之子浓缩人生精华"，崔政权的人生精华在三峡。

# 下篇

# 一个人与他的一生

# 第七章　为工作而生

人们赞美流星，它燃烧着走完自己的路程。生命的长短可用时间计算，生命的价值只能用贡献计算。崔政权之所以常被人提起，关键是他用有限的生命创造了许多对人们有用的价值。三峡选址应该是他人生经历的大写阶段，但他如何一步步走向鼎盛期，应该追溯他的成长过程，尤其是工作经历。

## 一、坚实的脚步让他走向成熟

那还是1935年的冬天，吉林省和龙县一个姓崔的朝鲜族农民家庭里又有一个小孩呱呱落地。父母一看，又是一个男孩，便毫不犹豫地给他起了一个很刚硬的名字——政权。在崔政权的前面，已经有三个姐姐、两个哥哥了。没两年，又有一个妹妹加入这样一个大家庭，给本来就很贫穷的家庭又添了一张吃饭的嘴。出生在这样一个过日子都挺艰难的家庭的崔政权，又是在天寒地冻的北国长大，从小就知道什么叫苦，也特别能吃苦。

崔政权的父母亲尽管十分吃力地支撑着这个家，但并没有放弃让孩子接受教育，孩子们学习也很争气，尤其是崔政权和他的二哥，学习成绩一直在班上名列前茅，是父母的骄傲。二哥成年后成为一名中学老师，不知讲错了一句什么话，反右时被打成右派。由于忍受不了政治上的迫害，一年冬天冰封鸭绿江的时候，他带着夫人和小孩子一下子就从江面上滑到朝鲜去了，再也没有回来。现在，他在朝鲜已有三个姑娘、一个儿子。崔政权他们的妈妈后来也到了朝鲜，最后是在朝鲜去世的。

崔政权在学生时代就显示出他的语言天赋，他从小学到高中一直在当地的朝鲜族学校学习，学的是朝语。解放初期，当他跨入东北地质学院水文工程地质系读书的时候，还不懂汉语，这对他学习上带来的压力可想而知。于是，他就以超常的毅力在学习专业课的同时开始学习汉语，同时还要学习大学规定的外语必修课——俄语。1956年6月，他以优异的成绩从大学毕业，刚开始被分配到原地质部三峡大队，参加三峡区域、南津关坝址勘察，随后被分配到长江水利委员会勘测部门工作。

他刚到长江委不久，命运又发生了变化。原来，武汉长江水利学校的一位教师要出去进修，学校找到长江委请派一位刚分配来的大学生帮助教学一年，领导找到崔政权，请他去学校任教一年。时间不长，但崔政权收获倒挺大，关键是他在那里收获了爱情，后面《一生充满爱的亲情》一章里的故事由此开头。

崔政权在学校待了一年，一回到单位，就被分配到长江流域规划办公室第四勘测队，一直在四勘队工作了20多年，曾担任过几年第四勘测队队长，他是从那里一步步走向人生鼎盛期。写这本书时，我特别期待对崔政权最早的工作单位，也就是他事业起步单位的采访，想了解崔政权事业征程的主要出发地，更想了解他是如何一路走来。

6月15日，我到了位于重庆巴南区的长江岩土工程总公司（武汉）重庆分公司，它的前身是长江委综勘局第四勘测队。

早几天，张庆峰就给重庆分公司经理李锋同志打了电话。李经理原来是总部在武汉的长江岩土工程总公司办公室主任，现兼重庆分公司经理，刚到重庆分公司三个多月，正在一边熟悉情况，一边艰难地推动工作。为何说他艰难，我后面有对他的专访。尽管他忙得不可开交，还是很支持我这次的到访，专门安排人接待。我人还没到呢，办公室的沈得新主任的电话就打过来了，他告诉我16日上午他已安排好了几位老同志开个座谈会。

16日上午，在岩土分公司小型会议室，我先见到了70多岁的黄昌平老人，83岁的宋开彦老人第二个到达，70多岁的杨宗仕老人随后也来到会议室。沈主任无奈地对我说：“也就找到这几位老同志了，其他的老人都因各种情况来不了。”

我说："完全理解。崔大师如果健在，也是80多岁的老人了。"

座谈会开始后，我首先讲了一下我这次的采访目的，最后说："崔大师不仅曾是你们队长，更是你们的老伙计了，请讲一下崔大师在四勘测队的故事吧！"

我的话音刚落，宋开彦老人首先发言。

崔政权任四勘队队长时，宋老任队政委。那个时候全国学解放军支部建在连队，地方基层组织也配备了专门做思想政治工作的同志，他跟崔政权搭配了相当长一段时间。这位83岁的老指导员记忆力非常好，首先介绍了他们和崔政权一起工作的简历：

> 崔政权是1957年到四勘队的。那个时候，我们队先到苍溪，后来又转战到湖北襄阳搞南水北调输水线路选址。1958年到1961年，他和我们一起参加金沙江向家坝的选址工作，到了勘察涪江平驿铺时，他已成为技术负责人，后来我们还勘察了嘉陵江亭子口、李家嘴、苍溪、合川等水利枢纽，他都进行了技术把关。三年自然灾害时，又把我们队调到湖北沔阳办农场，解决吃饭问题。
>
> 后来，我们队和一勘队合并到丹江口工地，一部分人搞丹江口水利枢纽船闸地质勘察，另一部分人做建材勘察，还进行了南水北调唐白河灌区地质勘察，崔政权已开始任技术组长了。

1963—1965年，崔政权作为技术负责人负责白龙江宝珠寺电站地质勘察，该电站现已建成运行。

1966—1969年，作为技术负责人的崔政权参加宣汉、罗江口电站地质勘察工作，电站现已建成运行。那个时候开始"文化大革命"了，崔政权已当上了队党支部支委，队上凡是当干部的都没有逃脱挨斗的厄运，他也算上一个。在工作上，崔政权也靠边站了，说他走白专道路，被免了职，不让他再工作了。可崔政权哪里忍受得了这种无所事事的生活，他将这闲暇的日子利用了起来。他照常每天早上出门，带着馒头到新华书店去看书，直到很晚才回家。那个时候家里生活困难，买不起更多的书，他就在书店里边看书边抄书，一本《电工手册》硬是让他抄了下来。崔政权深信这一点，这类知识总有用得着的时候，艺多不压身嘛！

好学不倦者，必会成才，是金子总是要发光的。第四勘测队后来到了位于重庆市东南部的彭水苗族土家族自治县，“反动学术权威”也好，“臭老九”也好，1970 年，领导开始让崔政权作为技术负责人负责芙蓉江江口电站地质勘察工作。1977 年，“文化大革命”刚结束，领导更对崔政权委以重任，将四勘队的领导权交给了他。崔政权带领队员们比较选择乌江彭水、长溪两坝址，还做了其他工作，一直到 1980 年他到日本留学。从日本回来后，崔政权就离开了四勘队，调到长江委勘测总队担任副总工了，他在四勘队工作了 20 多年时间。也就是说，他的青春年华是在四勘队度过的。

宋老几句话就将崔政权的工作简历浓缩版勾勒出来了，在一份申报院士资料中还展示了他们队那些年工作所取得的成果。其中汉江的丹江口、白龙江的宝珠寺和洲河的宣汉等水电站已建成运行，芙蓉江的江口水电站正在建设，乌江的彭水水电站和嘉陵江的亭子口电站亦已列为重庆市和四川省近期建设项目。这是 20 世纪 90 年代的资料，又有 20 多年过去了，江口水电站、彭水水电站、亭子口水电站均已建成，并已开始发挥作用，这里面渗透了所有参建人员的汗水，更有像崔政权这样的杰出人才突出的贡献。

崔政权在参加工作的前 20 多年内，有太多的事值得一书，得慢慢道来，但有一个现象不得不提。20 世纪 60 年代初，崔政权所在的第四勘测队当时成立了两个技术小组，崔政权是一个技术小组的组长，负责嘉陵江的地质勘探工作；另一个技术小组的组长叫徐瑞春，俩人还是大学同班同学。感谢长春地质学院为长江委提供了两名优等生。几十年后，这二人先后被评上中国工程勘察大师，开始“二龙戏珠”，一个在三峡库区大显身手，引起回响；另一个在湖北清江上下驰骋，被封为地质界的“清江王”，这当然都是后话。

崔政权 1977 年在担任第四勘测队队长期间就发明了工程物探的 CT 技术，已得到了国家的认可，还真的值得一提。那是在乌江彭水芙蓉江枢纽的

工程地质勘察中，他经过反复试验研究，开始应用孔间无线波透视技术勘察河间地块岩体完整性，这项技术就是今天的物探技术。直到20世纪90年代，这项技术才被我国水利水电工程勘测界多数人认可，认为是勘察技术发展的亮点，并被国家科委先后列为“八五”“九五”重点科学技术攻关课题加以研究和推广应用，崔政权在这一领域的研究要比地质界同行早20年。

几十年的外业工作，崔政权不仅将自己锻炼成为实践的高手、新技术的排头兵，他在理论研究上也慢慢地崭露头角。20世纪70年代初，他的论文《岩溶作用动态平衡理论》在美国华盛顿召开的第28届国际地质大会上，成为“国际水文地质学新进展”专辑的特约论文。这篇论文是时任水电部副部长李鄂鼎和总工潘家铮推荐给地质大会的。也就是说，崔政权还在四勘队时，不光凭他的工程物探技术在同行中独领风骚，理论建树也为水电部副部长与总工所赏识。也就是这些，让他能够从同级的几个勘测队队长中脱颖而出，它不仅是崔政权后发力的基础，更昭示了他的成长。



除此之外，崔政权这个队长的精神、人格也树立了起来。

往事并没有像落叶被流水飘走。经过宋老、杨老，还有黄昌平老人的回忆，终于再现了崔政权在四勘队这么多年闪光的工作片段。

在他们的印象中，任何时候的野外勘测，崔政权总是走在前面。

崔政权这次带着一拨人是在芙蓉江畔的一片区域进行地质勘察，这一片是典型的石灰岩地区，岩溶是修水电站地质上最可怕的“敌人”，弄不好就容易漏水，往往在这个地区的溶洞调查是关键的一步。碰到溶洞，崔政权总是第一个钻进去，里面漆黑一片，仅靠着手电筒的一点亮光照路。路是经过多少年岩溶的侵蚀形成的天然状态，地面坑坑洼洼，两脚下去一阵蹚水、一阵踩泥，经常来回交换。时不时地还来了一个深坑，不注意一脚陷下去，下半截裤子全湿了。人时而立身走，时而弯腰，时而要爬着前行，从洞的这头进去，到洞的那头出来，身上的工作服沾的全是泥和水。

“这不算什么，最关键是危险。有时搞不好还会摔伤，每次进去，还不知道能不能出来。但崔总（他们已习惯于后来的喊法了）总是第一个进去，他认为自己是负责人，要吃苦在前，危险的地方要带头去。”杨老说得一点也不假，已过世的原航测队副队长晏驻楹的腰就是在野外勘测时摔伤的，终身留下后遗症。

“崔总的责任心不是一般的强。一般要了解地底下夹层的类型，我们用钻探打了一个直径 80 厘米的深洞，往往我们将周边的情况都记载下来，进行了描述，拿出了结果。他还不放心，非要下去看一下。”

在崔政权的严格要求和带领下，四勘队的地质钻探水平为长江委勘测总队第一，是当时总队的王牌队，每次任务来时都是挑大梁的队伍，这种精神一直延续了下去。后来，勘测总队改名为综勘局，最后与规划设计院合并，成立了长江勘测规划设计研究院，四勘队为四勘院，这当然是后话。

勘测队员是以四海为家，随队家属也跟着他们到处漂泊，走到哪里就租当地的民房住下来。崔政权、徐凤芝两口子到彭水后，就住在农民家里，队部办公室就设在当地生产队一个大仓库里面。到了崔政权当队长时，勘测总队开始提倡搞队部基地建设,队上的人突然发现他们的队长不仅是业务高手，而且搞起基础建设也无所不能。

徐凤芝说崔政权要为队部盖房子，但当时的钢筋、水泥、木材“三材”都是凭计划供应，他买不到。崔政权不知怎么知道四川省省长到重庆去了，就去找了两次，省长的秘书接待了他，崔政权就反映：

“我们四勘队是搞四川水电开发勘探的，现就在彭水。可我们单位连一个固定的办公地点都没有，就别说职工宿舍了，现在想申请一些建房的材料，请省长给特批一些，我们也好建个队部和职工宿舍，让职工好为开发四川水利资源多做贡献。”省长还真的给四勘队特批了一些木材。

崔政权开始找了施工队，很快建了一个院子。然后，他请长江委设计院枢纽处的童文鲁工程师设计办公楼，最后一座以长江委老主任林一山“山”为房型建筑在院子里树起来了，还建了食堂、公共厕所。以后，四勘队每家都有了自己住的房子，基础生活设施解决了，许多工人开始将家属带来了，还迁来了户口，从此稳定了军心。

基本生活条件具备了，崔政权同时还要解决工作时的行路难问题。崔政权的四勘队当时负责的长溪坝址到住处每天都要过乌江，他们驻地的乌江段没有建桥，需要来回摆渡，浪费时间。崔政权又开始动脑子了，从山民使用的山涧索道上受到了启发。他找材料，用两根粗钢丝绳，四个轮子，两边立两根铁架子，用木头板做了一个吊笼，人工缆车就做好了。从此，职工们上下班就坐上了人工缆车，来回从索道上荡过来，滑过去，既省工又省时，而且人站在上面一溜而过时，轻风拂面、涛声相伴的感觉别提有多爽！这次笔者到四勘队采访老职工，他们还在夸崔队长设计的索道。

何止会建房、建索道。老职工介绍起他们的老队长崔政权起来，夸他好像无所不能。

搞勘测野外工作碰到的另一困难是到哪里都要用电，可是当时山区好多地方却没有电。四勘队走到哪里都要自己发电，这下就清楚了崔政权“文化大革命”时抄书为什么要抄《电工手册》了吧！不管崔政权当时基于什么考虑，反正他当时正在受迫害，根本不可能想到自己还会当上队长，还要操心每次转换营地如何发电。但崔政权在当时大乱之时，静下心来自学了电工知识，等到他当上队长每次转换营地，要解决用电问题时，不用求人，自己亲自上阵。

队上当时也有电工，但学得比较肤浅，只是帮着拉一拉线，解决一些小问题。每次都是崔政权带着那位电工从建配电房开始，到全套设备安装到位，最后调试发电。有一次，不知怎么搞的，他的两只手碰到了高压线，他马上一缩，跳了下来，两只手还是被深深地电了两道印子，要不是人反应快，立马被电死了。妻子看到他被电打得出血的嘴唇，又心疼又后怕，崔政权却“嘿嘿”一笑了事。

崔政权不仅会电工，还会汽车修理技术。队上汽车发动机坏了，他也能将它修好。崔政权除了不会在家里做饭，队上男同志所要干的一些事，没有他干不了的，而且干得绝对是最具智慧的、最棒的。

崔政权是队长，还是党支部委员，他从严要求自己，对普通党员、自己的下属同样不放松尺寸。做什么事都特别较真，都要“小葱拌豆腐——一清二白”。一次，一个对外招待活动结束了，一位党员、小队长将剩下的茶叶和烟装进自己的书包里，准备带回家。崔政权看到后严肃批评道：

“你是一名党员，还是一位领导，要以身作则，不要沾这点小便宜。事情不大，但影响不好……”从此以后，那位小领导不光从严要求自己，还把烟也戒掉了。

崔政权对他人如此，对家人更是刻板，公私分明得不近情理。

他的一对儿女崔蓓、崔维寄托在上海，每年放假都要坐火车去四川彭水看望父母。有一次路上遇到塌方，姐弟俩辗转数千里终于到了彭水码头，看到了在码头上接他们的爸爸，心里百感交集，一路的颠簸、惊吓、劳累，而且又渴又饿，真想扑到父亲的怀里痛哭一场。姐弟俩的遭遇之前已在队里传得沸沸扬扬的，都在关注他们的行踪，知道他们回来了，司机将车子开到码头要接他们。可崔政权却不让一对儿女坐公家的车，非让他们自己走回去，自己陪他们一起走。结果一对又渴、又饿、又乏的儿女硬是走回了队部，看到妈妈恨不得委屈得要哭。几十年后，崔维回忆起这个情节时还说：

“我当时真的还有些恨我父亲。现在哪还有怨恨，就是佩服。”

崔政权在管理上是严厉的，但更多的时候他又是和风细雨，抚慰枯燥无味的业余生活。那个时候，勘测队员野外工作回到驻地吃完饭后，可真叫没有事干，也没有电视可打发时间，更多的时候只靠摆摆龙门阵、打打牌、下下棋来消磨时光。为了解决业余文化生活单调的问题，崔政权组织了文艺小组，给他们买了不少乐器，他带头吹、拉、弹、唱，硬是给沉寂的业余生活带来了一片欢乐。他们排练的节目还在长江委文艺汇演时获过奖，这个队长可真是无所不能。杨宗仁老人甚至这样认为：

“后来的四勘队队长想要干过崔总，不容易。”

前 20 多年，崔政权更多的时候是伴随着山川、大地度过的，按照长江委的习惯说法就是外业职工。那个时候，外业职工十分羡慕长江委本部的人，他们不仅在位于大城市武汉的机关上班，大院中心环境更像个微型的小公

园；办公条件优越，办公室内的空调将室内温度调节得四季如春，在里面工作舒适感极强，不像外业职工终年风餐露宿、风吹雨淋，晴天一身汗，雨天一身泥。所以，不少外业职工向往调到长江委机关。崔政权两口子也不是没有想过。如果调到机关大院，最起码的他们和儿女们就不会各在一方，儿女们除了可以享受武汉好的教学资源，他们还不会遭受相思之苦。

哲学家都爱探讨一个事物的两个方面，什么事情都是既有利，又有弊；有所得，必然有所失；有所失，必然有所得。让崔政权感到欣慰的是伟大的长江勘测事业从来没有亏待他，为他提供了增长实践经验的广阔天地，尤其是地质勘探工作是一个实践性非常强的职业，为他积累了丰富的野外实践经验，更为他提供了施展才能的广阔舞台。这些经验的积累，后来还助他在三峡城镇选址中为国家与三峡人民建功立业，自己的人生价值也得到了充分的展现。也可以这样讲，如果没有前 20 多年在广袤大地上走南闯北的见识，就不可能有后 10 多年在三峡库区的辉煌，因为新城选址野外经验的运用比什么都重要。



崔政权还是离开了后来位于四川彭水的四勘队，他毕竟是一只大鹏，不应该仅限于巴山蜀水，应该在 180 万平方千米的长江流域的高空翱翔，更应该在 960 万平方千米的天际之间飞翔。崔政权毕竟是一个心怀大志的人，但让他能离开彭水的契机却非常小，那就是他多年锲而不舍地坚持学外语。机会往往是给有准备的人留下的，这句话曾被无数人引用过，还真的一点也不假。崔政权 20 多年来坚持学外语绝对没有目的，仅是一个爱好，没想到这个爱好改变了他的命运。

后来，崔政权有两次回四勘队。第一次是他已出任了综勘局的总工，在三峡库区搞城镇迁建选址工作的时候。当时，四勘处承担了万州、开县的选址工作，他们的队部已迁到重庆巴南区。因工作原因，崔政权去了四勘测队的队部。老队长来了，现任领导范世彬队长将崔政权一代的老同志们全部请过来，包括崔政权在四勘队那时看大门的师傅，在单位的食堂里硬是摆了好几桌。崔政权与老伙计们把盏互敬，共叙离别往事。随行的秘书邓永泰回忆起当时的情景时说：“不喝酒的崔总，那天多喝了几杯；从不在饭局上浪费时间的崔总，那天硬是在饭桌上耗了两个多小时，这可是从来没有过的记录。”崔政权是在陶醉啊！陶醉在老伙计的友情中，陶醉在一去不复返的往日时光里。那里面有他的青春岁月，有他的往昔脚步，更有割舍不断的同志情，那里更是他事业腾飞助跑的地方。

李昌明给崔政权当秘书后，崔政权又回了一次四勘队。那时，地质人员已调到武汉，只剩下搞工程勘探和岩土施工的职工，规模已大大缩小，已改叫长江岩土公司（武汉）第四勘测分公司。这一次，崔政权下车后在院子里转了一圈，深情地望着分公司大楼，但没有惊动任何人，然后悄悄地走了。李昌明对笔者说：

“不知崔总为什么到了他的原单位不上去，也不告诉任何人？”

李昌明不知道崔政权第一次回到四勘队时，四勘队对他兴师动众地招待。崔政权是一个最怕麻烦别人的人，尽管这里是他保留工作记忆最早最久的一个地方。

当年四勘队重点勘察的乌江彭水水电站早已建成，三峡库区大规模的城镇迁建勘测工作也已过去。现在长江岩土公司第四勘测分公司经理李锋带领着崔政权曾经带过的部分队伍继续前进。现在面临的是岩土工程市场问题，也就是单位的生存发展问题，他这样对笔者说：

“我个人的能力有限，只有依靠大家共渡难关。但作为一个管理者，一定要正直，更要无私，我相信通过努力我们会渡过难关的。”

“正直、无私”，这是崔政权老队长的遗风，得此真谛，李锋会带着队伍稳步前行的。

## 二、从成熟走向鼎盛

20世纪80年代初，那是一个激情飞扬的年代，那是一个以梦为马的时代，那是一个物质还很贫乏、但追求精神富有的时代，那更是一个在以经济建设为中心方略的指导下大干快上的时代。国门正在徐徐打开，国人开始承认与

西方的差距，学习借鉴西方先进的科学技术为我所用，已成为许多领导人的共识，水利部门领导也不例外。

1980年下半年，水利部要选一批业务上拔尖的工程技术人员到国外留学，学习国外先进的水利科学技术，然后通过学成归来的他们促进整体水平的提升。整个水利系统的选拔形式同1977年恢复高考一样，回避群众推荐、领导认可，全凭平时的业绩说话，你干过哪些工程，达到了什么样的专业水平。长江流域得天独厚的水利水电资源成为全国水电工程最多的一个流域，让不少工程技术人员都有可以亮出一串串醒目的业绩清单。这种考核一结束，合格的人站出来了一排又一排，当然还有年龄的限制。但有一个考试下来硬是将不少专业技术很棒的人挡在了线外，这就是外语考试。那没办法，到国外读书，语言过不了关，肯定要一票否决。据说当时长江委仅有12人通过了外语考试，勘测总队就有崔政权与薛果夫两人，而且其他的人都是考的英语，唯独崔政权考的是日语。姑娘崔蓓几十年后还记得父亲文化大革命时看的《毛主席语录》是日文版的，这就是其中的因果关系。



凭借着强硬的专业水平，凭借着当时掌握的人不多的外语优势，崔政权作为被选拔出来的优秀人才要出国进修。也就是这样，崔政权离开了彭水，离开了他朝夕相处20多年的四勘队同志们，朝着更加广阔的天地奔去。

现在叙述还是要回到崔政权要奔赴的异国他乡。是一曲《北国之春》，还是日本的樱花；是一曲《拉网小调》，还是富士山的雪，不知何时崔政权对这片土地有了一种特殊的感情。起源于何因，因其本人离世已无法考证。在文化大革命时，他就已经能看日语版的《毛主席语录》，看样子他接触日语一定早于20世纪60年代。

崔政权终于圆了自己到樱花故乡上学的梦。1981年9月至1984年1月，崔政权成为中国首次派到日本神户大学的进修生，在神户大学工学部攻读岩石力学与岩土工程，樱井春辅（现国际岩石力学学会主席）是他的指导教师，他还在该导师的实验室做研究工作。后来，崔政权的女儿到日本留学时还专门到神户去看了爸爸的恩师樱井春辅。

崔政权的导师现在身体很硬朗，还经常参加国际会议。他告诉崔蓓，又碰到她爸爸的哪一位同事了。导师说：“你爸爸是我所教的学生中最优秀的一位，他当时一天到晚待在实验室里。为了节省时间和经费，他就一天到晚吃豆腐，又节省时间，又省钱，还有营养。”这可是导师对学生崔政权的特殊记忆。崔政权最终因为成果突出，神户大学要破格为这位进修生发博士学位证书，这在神户大学还从无先例，崔政权又被称为“是向神户大学挑战的第一个外国留学生”。※

※1987 年崔政权本应赴日本办理博士学位手续，但因经费等原因未能赴日。

崔政权学成归来了，成为勘测总队改革开放后第一位留学生。当时真是人才奇缺呀！崔政权 1984 年 1 月回国，勘测总队立即对他委以重任，3 月让他出任总队副总工程师的任命书就下了来，负责生产技术管理工作；同时让他出任水利部能源部长江勘测技术研究所科研副所长，从事科学研究工作，参加、主持国家“六五”、水电部“七五”重点攻关课题研究。

时间又滑过了 3 年。由崔政权负责的水电部“七五”重点攻关课题“系统工程地质与岩土工程研究”从 1987 年开始启动，1989 年就结出了硕果，专家对它的评价是：成果总体国内领先，岩体水力学和岩溶作用平衡理论等首创。崔政权不负众望，有他的地方就容易出彩。

除了取得的科研成果外，作为勘测总队副总工程师崔政权，由于已经形成了研究地质问题的系统思路，故在工程实践中对各类地质问题的判断和处理，可以说是胸有成竹，成效显著，社会、经济效益特别明显。崔政权回来的第二年，就开始在勘察三峡新滩滑坡过程中初露锋芒，后来也成为地质专家的吴玉华多少年后在采访时还对笔者说：

“我那个时候就觉得他不简单！”

1985 年 6 月 12 日 3 时，三峡新滩镇发生大规模滑动，历时 4 分 7 秒，整个新滩镇顷刻毁于一旦。新滩滑坡总滑动 2000 万立方米量的八分之一滑入江里。由于已修建了葛洲坝工程，造成江水湍急，有一定的碍航现象。当时，勘测总队派崔政权和吴玉华一行到滑坡现场勘察清楚。位于宜昌的长江委勘测总队三峡院专门派出了一条船一直把崔政权他们送到了滑坡现场。新滩滑坡体很高很陡，滑坡最下沿一直到江边。崔政权他们坐船到了滑坡边以后，首先上到滑坡顶，再从滑坡顶一直往下走，滑坡体里的土都是松散的，非常危险，随时都有可能滑落到江里。吴玉华说：

"我这是第一次与他一起外出执行任务，他还比我大几岁，在前面带头爬。从那时候起，我就觉得他不简单！"这句话由此而来。

从1987年到1990年4年时间里，崔政权几乎每一年都留下了出彩的脚印，给同行一个个惊喜。

"文化大革命"期间，中南勘测设计院设计了汉江支流堵河上的黄龙滩水库。因对两岸地质问题调查研究不准确，库区内有很多的滑坡体，变了形，很多往后靠移民的房子都倒塌了，移民没有安置好，有的移民甚至于搬了5次家，因此"倾家荡产"。水库归湖北郧阳管，当地以行署的名义向上反映，要求水利部提出解决方案。水利部责成长江委处理此事，由崔政权挂帅出征，那是1987年。崔政权带着一帮人去后，逐个对滑坡体进行鉴定，并落实居民迁建位置，他一一拍板确定治理方案，重要部位还设置了变形监测网。后来，水电部总投资7000万元，对滑坡体逐一进行处理，重新安置这些移民。这次问题解决彻底，故到目前为止尚未出现移民上访事件。吴玉华老人同是专家组成员之一，事后他的评价是："通过这次同他一起勘察，更看出到了他处理这类问题的能力，不同一般。"

1988年，湖南柘溪水库暴雨后200余处变形并直接上报到国务院。同时，新化和安化两县外迁移民被当地赶出来，纷纷"回家闹革命，分田地"（标语），两县200余名科级以上干部集体辞职，此事惊动了中央组织部。在这样的形势下，崔政权同志受水电部委托，前往该水库进行全面调查，调查结束后，同湖南省水电厅领导共同研究对策，妥善地解决了矛盾。自那以后，该水库再没有出现新的问题，这场风波平息了。

1989年，四川省华蓥山合川、江北两县境内的皮家山形成了大面积变形，直接威胁着下面百姓的安全。由于事发地问题严重、紧急，重庆市水利局邀请了一批专家前往考察，崔政权同志还被授命作为带队人。考察结束后，崔政权同志一方面提出应急措施，另一方面建议由重庆市水土保持局与综合勘测局联合召开了“华容山山体变形学术研讨会”。会议由崔政权主持，中国地质大学专家、中科院成都山地所专家、上海复旦大学搞岩土工程的孙钧院士出席了会议，最后集学者、专家的智慧，分析总结了变形原因和变形趋势。专家们分析造成此的主要原因是：山底有煤矿，采煤形成了很多深坑，将地表水渗到坑里，造成山体很长的裂缝，形成变形。专家们同时研究了控制进一步变形的具体意见和措施。会后形成了纪要，提出了整治方案，地方上采纳了专家们和崔政权同志的建议，基本上稳住了山体变形。

三峡水库水土保持治理中的泥石流监测预警点的选址，是崔政权正式涉足三峡库区的开始。1990 年初，崔政权同志受长江委水土保持局的委托，携长江委专家对长江上游首批治理片——三峡地区 23 个县地质灾害进行调查，选择预警点，所有预警点建设至今运行正常。其中，秭归县郭家坝鸡鸣寺（水泥厂）采石场，预测要失稳，故决定建立监测网。1991 年 6 月 29 日 4:50，60 万立方米山坡滑动。由于监测、预报成功，避免了重大损失。

1991 年，崔政权已是勘测总队总工了。由他带队，勘测总队、中国地大、湖北地质学会都派人参加了进行滑坡体勘察。他们从秭归开始，一直到忠县，对当时整个三峡库区的滑坡体逐一进行查看，历时一个多月，选取了四个比较危险的点设立了长期监测点。

随同考察的吴玉华说：“从那个时候，我就了解到他对滑坡体的知识运用得十分熟练，对滑坡体稳定性和危险性的判断比较准确。我们当时看了上百个点，从中分析判断出有四个点危险性比较大，他是最后的主要拍板人。后来，我们选的那四个点都出现了问题。” 如，1998 年竹山县下游 7 千米的布袋营滑体出现变形，但因在 1987 年已建立监测网并进行监测，对它的变形趋势做出了正确预测，故没有造成人员伤亡与财产的损失，稳定了民心。

崔政权在处理多处的地质灾害案例中，不能不提到位于江西的马湖堤。

1996年1月8日，江西省彭泽县长江马湖堤刚竣工了3天，要开庆祝大会呢，突然垮了；1月23日再次垮塌，共造成死亡24人、重伤5人，毁防洪大堤1210米、耕地272亩，毁房156户538间、牲畜130头，直接经济损失4371万元的重大事件。江西省地矿厅向国务院写报告称这次事件为隐伏岩溶洞穴塌陷所致，并通过报纸、电视和电台进行了广泛报道。当时，已为综勘局总工的崔政权同志受水利部委托，组成了专家组前往马湖堤进行调查。

苏爱军有超强的记忆力，记得清清楚楚那年的元月。他原是四川勘测设计院的，刚从成都调到长江勘测科研所，来到总工程师崔政权的办公室。崔政权知道他刚调来，见他进来后马上问道：

"小苏，安排好了没有？"

"刚到勘测科研所，今天是第三天，还没有分配工作呢。"

"那你出个差吧，任务还挺急的！江西省彭泽县的一段加高加宽的江堤刚刚验收完就崩塌了，江西省水利厅让我们帮着找一下原因。我已让勘测所的许刚林带几个人到那里做下物探工作。你刚来，就陪着他们去看一下，帮着处理一下。"

到现场后，需要做水上物探。那几位同志对水上放点不会做，正好苏爱军会操作，便将地质测绘也做了。综勘局的吴玉华、徐福兴两位专家参加了处理，地矿部的专家、湖北地质局刘广润总工、成都地院的教授等也到了现场。为了慎重起见，崔政权在他们去之前，先安排长江委水文局对岸边这段江岸边坡进行了水下地形测量，对滑下去崩岸前后的土体进行对比，取得了前后土石方量的第一手资料。专家们调查得出的结论与江西省地矿厅的结论完全不同，专家组认为：在灰岩地区必须考虑岩溶塌陷这个因素，但这次失稳是长江两岸常见的崩岸，不是岩溶塌陷，而是"振动液化"造成。

为了拿到更多的第一手资料，崔政权还组织勘测人员立即开展详查。详查正在进行时，2月17日，中央人民广播电台又向全国广播了马湖堤相继失稳的消息，而且同时转达了"岩溶塌陷"这个定论。也就是说，江西省地矿厅的结论又一次对全社会公布，作为持不同意见的代表方的崔政权压力更大了。但他没有人云亦云，而是在默默地等待，等待他的同志的勘探结果，以证明自己的结论。

详查结果最终出来了，的确如崔政权他们所言：这次失稳并非岩溶塌陷所致。在众多材料中，可供作为直接依据之一的是崩岸前后的河床地形图。崩岸后所测地形图明确显示：崩岸物质全部堆积在河床中，而且伸至河床中部一带，的确是常见的崩岸。彭泽县采纳了以崔政权同志为首的专家组的治理方案，重新整治马湖堤堤防，建设后的新防护堤经受了 1998 年 6—9 月洪水长时间浸泡，仍安然无恙。有专家对马湖堤崩岸成因判断的意义总结了以下几点：

一是知识境界和思路不同，得出的结论也就截然不同。

二是得出的成因不同，治理方案也就不同。若是洞穴塌陷，治理方案必须立足于对隐伏洞穴的处理，整治岩溶洞穴；若是崩岸，则立足于河岸整治同防护堤建设相结合。如果按处理“洞穴塌陷”的方法进行治理，’98 大水来后，后果将不堪设想。这也是崔政权作为一个水利人对保护当地社会、经济、人民生命财产安全的贡献。

“知识境界和思路”取决于理论与实践积累。在处理地质灾害时，崔政权之所以能多次做出正确的判断、提出对症下药的方案，除了他丰富的实践经验外，扎实的专业理论知识是必不可少的条件。崔政权的理论知识渊博是同行们公认的，而大凡知识渊博的人绝不是天生的，都与“刻苦”这个词密切相关，崔政权也不例外，而他最大的特点就是一生都刻苦：刻苦地学习、刻苦地工作。

最了解崔政权的是他以前的学生、后来的妻子徐凤芝，在她的一份演讲稿中对他做过评价：

“有时候，连我自己都很感慨，他怎么就有那么大的毅力和决心，在人

生的每个阶段总是那么兴趣盎然地工作、学习，而且都是那么出色。”

学习与工作已占据崔政权生命中相当大的一部分时间，学习似乎给他带来了无穷无尽的乐趣，他又从事了被认为具有非凡意义的工作，工作给他带来了动力与满足感。

的确如此，除了工作外，学习是让崔政权丰富的又一方式。书山重重，会学习的人能走到白云深处的人家；文海巨浪，会学习的人能觅到海市琼楼的仙境。

学问之功，贵在循序渐进，经久不辍。在很长的一段时间里，崔政权始终坚持每完成一项工作或一个工程就进行总结，通过总结提出问题，并针对这些问题学习国内外先进理论，再转化成为自己独特的观点、自成体系。崔政权最初并不是冲着写书这样做的，而是他养成了良好的学习习惯，日积月累形成了一笔文字财富。善学之人，不仅博于外而尤贵精于内。等他在日本留学充实了理论营养后，这笔文字财富就形成了一个胚胎，慢慢成长，只待时机成熟，呱呱落地。



跟崔政权一起出差的人都知道，他从野外跑回来吃完饭后就将自己锁在住房里一直在写什么，从来都不出去闲逛。一次，吴玉华跟他一起出差坐船进三峡库区，船舱里很热，光线也不好，崔政权却在那里汗流浃背地写着什么，后来才知道崔政权是在写书。在妻子的眼里，自己的丈夫除了工作、吃饭、睡觉外，就是学习。很长一段时间，连徐凤芝都不知道她丈夫在干他人生中的另一件大事——写一本书。说得更具体点，他在创建中国地质界一个新的理论体系，要在学术上自成一家。

终于瓜熟蒂落。1986 年，崔政权的《系统工程地质导论（SEG）》正式出版了，标志着他建立了“系统工程地质”新的理论与方法论。书一出版，国内外有关专家就给予了很高的评价。专家们评价说：“它标志着我国水利水电工程地质和岩土工程跻身世界行列……全书反映出作者站到了当代工程地质学发展的前沿……该书中的某些领域达到了国际先进水平，填补了国内空白……”当时国内工程地质学存在着两大学派，即成因学派和结构学派，专家们认为崔政权创建了第三大学派，即系统学派。国际工程地质学原存在着四人学派，即苏联的地质工程学、奥地利的地质技术或岩土工程学、美国的环境途径工程地质学、中国的环境地质学，而崔政权又以系统工程地质学创建了国际工程地质学的第五大学派，被当时的国际工程地质学会主席 F.B. Langer Michael 称为工程地质学的新领域，因此被载入中外地质学史册，攀登上了同行难以达到的科技和理论高峰，引导着勘测专业新的潮流，成为水利系统乃至全国地质勘察界的风流人物。

笔者采访崔政权的老搭档、原勘测局副总工程师徐福兴时，他已是 80 多岁的老人，他本人也是一位老专家，可他却评价崔政权是“专家的样板”。徐福兴在接受采访时专门提到《系统工程地质导论》：

“《系统工程地质导论》出版，使他成为勘测处出专著第一人，那个时候写书是要十分隐蔽的。他注意对别人和自己资料的收集，而且坚持不懈。最关键他还善于将实践上升为理论，提炼出新观点，具有指导意义，让同行

容易接受，最后可以指导工作，很多观点对地质界影响很大。这就不简单了！从那以后，中国地质界对他就格外尊重，称他为地质权威。他不仅国内的工作做得好，国际项目也做得好。他的学术水平高，思想超前，思维开阔，难怪能评上大师。”

崔政权的接班人、现长江委勘测设计研究院副总工吴永锋在他那篇纪念文章里也提到了《系统工程地质导论》：

“我是 1984 年参加工作的，参加工作不久就听说勘测总队有个叫崔政权的人精通几门外语。那时的我虽说学了上十年的英语，但自觉水平很差，尤其是口语方面。听说有这么一个懂几门外语的人，心里既羡慕又敬佩。后来又听说他出了一本厚厚的专著《系统工程地质导论》，就更加敬佩了。那时候，在勘测总队能够出书的人是凤毛麟角。我自己当时是连篇论文都没发表过。我于是就盼望着能够一睹这个人的风采。”这就是当时《系统工程地质导论》对本单位新老职工的影响。



爱因斯坦曾说过：“提出一个问题往往比解决一个问题更重要。因为解决问题也许仅是数学上或实验上的技能而已，而提出新的问题，却需要有创造性的想象力，而且标志着科学的真正进步。”

美国惠尔普先生也曾说过：“常人长于重复，天才长于创造。”说崔政权是天才，可能过分了一点，但笔者与他的前任秘书邓永泰讨论定义他是一个什么样的人时，都认为，“他绝对不是一个凡人”。

缺乏创作精神与创作成果的人生是不完美的人生，崔政权的人生因为实践丰富与理论创新而圆满。丰富的实践与扎实理论让崔政权进入 20 世纪 90 年代后在三峡纵横驰骋，更将人生推向辉煌。

崔政权经常对别人讲自己的生日是农历九月初九，那是“登高节”，所以命里注定一辈子要不断地登高，不停地奋斗。2001 年 9 月，66 岁已经超期“服役”的崔大师正式办理了退休手续。他人退了，但心没退，库区人民的需要，更使他的身也没有退。上级主管部门成立的三峡库区迁建安全评估小组，崔大师被聘为首席专家，那已是 2003 年下半年的事了，他又开始在三峡跑开了。后来，崔政权又在南水北调西线调水线路上跑，又为欧盟项目跑，一直跑到他生命的帷幕落下。

工作使崔政权展示了人生价值，收获了人生欢乐，也是他的幸福所在。他在工作中得到的最高报酬不是金钱，而是他对社会的贡献与影响，他更在一个又一个工作成果中赢得了人们的尊敬。崔政权渴望成功，但跟随他的人却发现：真正让他的心灵和情绪飞扬的却是他工作的过程，他一生都在拼搏，都在享受工作的过程。

崔政权在《东方之子》里对记者说，他这一生恪守“务实、勤奋、坚持、成功”八个字，每当做完一件事，他都要用这八个字来衡量自己。

崔政权还深情地说：“每个人都渴望成功，这个成功的含义就是咬定目标不放。我这一生所做的工作也希望得到回报，这个回报可能是很大的，也可能是很小的。哪怕是有了微小的回报，这一生也值得。”

用这段话来做本章的结束语，最合适不过了。崔政权，一个为工作而生的人！

# 第八章　思索与创新让他的天地更宽广

知识不属于拥有他的人，只属于经过思索、运用它的人，而运用的极致就是创新。

原长江委副主任傅秀堂在接受笔者采访时对崔政权的评价是：

“他是一个好人，是一位学者。”

傅秀堂主任本人就是一位著名的移民专家，移民专家本身就是有成就的学者。有成就的学者讲崔政权是一位学者，可见崔政权的学问水平在傅主任心目中的分量。会思考是当学者的第一要素。崔政权不仅会思考，更会在思考的基础上做出一个个创新，使他的天地更开阔，给同行带来一次又一次的惊喜，他的不凡之处正在这里，要不然邓永泰怎么会说：“反正崔总不是凡人！”



## 一、会思索结出丰厚的理论硕果

不凡的人高于凡人最大的一个特征就是会思索，而他思索出的重要的结晶还会打上通行的标签，对同行起到引领作用。崔政权之所以成为大师级别的专家，关键之一是他的思索结出了丰厚的理论硕果，可为同行在专业上使用，用来指导工作。那这一切又是如何来的？前面也引用过，原中国地质大学校长、中国工程院院士殷洪福在一封信中更是由衷地赞扬崔政权是“我们这一代人拼搏的缩影”。

作为一个大师级别的成功人士，他的拼搏应该是全方位的。崔政权在工程实践中干得风生水起，在理论探索道路上同样马不停蹄。因为他比谁都清楚，实践与理论是一体两翼，缺一不可，只有二者都强健，才能鹏程万里。

崔政权的一个个理论硕果是如何结出的？

1956—1990年，崔政权先后从事过长江干、支流丹江口、宝珠寺、江口、彭水等十多个大中型水利水电工程的地质勘察工作。长期、大量的外业工作实践，为他以后的理论创建积累了丰富的第一手资料。同时，他更是一个有心人。他每完成一项工作或参加一个工程后就立即进行技术总结，提出问题，并针对这些问题进行理论上的归纳与总结，写出了几十万字的读书笔记，有了最为丰富而难得的原始资料积累。实际上早在20世纪70年代，崔政权在理论上已开始崭露头角了，他的论文《岩溶作用动态平衡理论》在美国华盛顿召开的28届国际地质大会上，成为“国际水文地质学新进展”专辑的特约论文。这篇论文是时任水电部副部长李鄂鼎和总工潘家铮推荐给地质大会的。尽管那个时候他的理论水平还处在初创期，但是那样的生机勃勃，潜伏着极为强盛的生命力。

崔政权继续对几十万字的读书笔记归纳整理、消化吸收，尤其是日本留学的经历使他理论知识产生了质的飞跃，便于对以前几十万字的埋藏着丰富实践经验的读书笔记内容进行条理化、系统化、理论化的梳理。终于在20世纪90年代初，一部对中国乃至世界工程地质界产生影响的《系统工程地质导论》在崔政权手上诞生了。前面说过，崔政权因这本书已被同代人认可，更成为当时吴永锋等年轻人心中的偶像了。

偶像成为大师是迟早的事。崔政权是1994年9月被国家建设部授予中国工程勘察大师称号的，此后他还兼有中国岩石力学与工程学会常务理事、国家小组成员、咨询工作委员会委员、地面岩石工程专业委员会主任等多种头衔。自从1994年创建了新的地质工程体系后，这位中国工程勘察大师不断地攀登理论高峰，最终成为中国地质工程界的理论巨人。有代表性的研究成果和论文、报告、著作罗列起来数据枯燥，但反映了崔政权的主要科技成就、贡献和学术水平，也最能说明他理论方面的建树：

自从《系统工程地质导论》问世后，他又出版专著共6部，其中1999年，崔政权和李宁合作的《边坡工程——理论与实践最新发展》荣获交通部科技进步二等奖；合著《岩土工程试验监测手册》等共 5 部；主编《自然边坡稳定性分析暨华蓥山边坡变形研讨会论文集》《岩土工程论文集》两部；主编“系统工程地质”首届全国培训班教材（中国电力企业联合会教育培训中心主办）、长江三峡工程库区市、县、镇滑坡监测员培训班教材（重庆市移民局主办）；发表论文如《三峡自然地质灾害与沿江城镇建设》等 26 篇，英文版 9 篇，其中 4 篇为国际学术会议宣讲论文；撰写的和修改审定的水电工程勘察报告，如《长江三峡水利枢纽初步设计报告（枢纽工程）第三篇工程地质》等共 17 篇；撰写的大纲及专题报告（三峡工程部分），如《长江三峡水利枢纽库区迁建城镇新址工程地质论证报告最终成果编写大纲（初步设计阶段）》等共 26 篇；修改、审定的正式成果（三峡工程部分），如《13 个县（市）城、140 个集镇新址的地质论证成果》等共 30 篇。

这一座又一座理论还有实践的高峰奠定了崔政权在地质工程界学术权威的基础，被同龄专家称为“专家的样板”，更让后辈直呼难以超越。一个不凡的人，总会在诸多方面做得与众不同或先行一步，要不然怎么会被视为领军人物。



理论建树应该是一个高智商的能力，而崔政权的智商能力高应该是多方面的。20 世纪 80 年代开始兴起电脑热时，他又走到了人前。崔政权什么电脑培训班都没进过，同龄人却十分佩服他的电脑技术，谁都知道他完全靠自学掌握的电脑技术。他还担任过原综合勘测局计算机应用领导小组组长，具体分管长勘所的计算机技术应用。长江勘测科研所第一张由计算机绘制的地质图——湖南鱼潭水电站钻孔柱状图就出自他领导的计算机小组。当时，他撰写所有中英文著述全部都是自己输入，这在同龄人中间是比较少见的。

崔政权何止在单位同龄人中间最先学会摆弄电脑，他还自学制作幻灯片，他的秘书李昌明就介绍过：“崔总每次出差时，手提电脑、投影仪都随身带。外出考察时，他随身只带本子、相机、罗盘。每天晚上回去得再晚再累，他都要将当天拍摄的资料整理出来。这些资料积攒下来，崔总为三峡库区每一个县都做了一个简单的 PPT 幻灯片。” 崔政权在“万办”基层巡视员培训班时演示的 PPT 幻灯片全是自己制作的。

崔政权为什么会成为每个不同阶段同志们的偶像？崔政权除了留学日本前上了一年的日语培训班外，其他的什么培训都没有接受过，完全是靠自己钻研，无师自通。他原来在四勘队当队长时的能干众所周知。如果说架索道、建配电房、修汽车，都是低位徘徊，那么崔政权当勘测总队领导后，开始自学电脑编程序、做幻灯片，他又开始在更高的层次运作了，他总是走在人前、高人一筹，要不然人们怎么说崔政权不凡！

不凡人的天资肯定要超过凡人，但他后天的勤奋更让人肃然起敬，也就是常人所说的拼搏。

他的搭档、老专家徐福兴就说："文伏波（长江委的中国工程院院士）、洪庆余（长江委前总工、中国工程设计大师）都十分看好崔政权，推荐崔政权参加'何梁何利基金奖'的角逐。"可见，崔政权被评上中国工程勘察大师是众望所归。

## 二、科技创新让他逐浪前行



会思考是一种能力，会创新却是一种才能，二者都具备就能如虎添翼，崔政权二者兼而有之。

位于汉口"二七路"的二七纪念馆为 20 世纪 70 年代的产物，为纪念 20 年代在那里爆发的二七铁路工人大罢工所牺牲的工人领袖林祥谦、大律师施洋等而建，它一直是对青少年进行革命理想教育的好去处，至今附近还有二七的子孙在活动。时间进入到 70 年代后期，长住那里的居民发现不知何时一座面朝解放大道的灰色大楼封顶了，很快"水利部能源部长江勘测技术研究所"的招牌挂到了大门口。崔政权从日本回来后，曾于 1984 年到 1991 年任原勘测总队副总工程师，在那栋大楼里工作过。他除了负责生产技术管理外，还出任科研所的副所长，参加、主持国家"六五"、水电部"七五"重点攻关课题研究。

如果循规蹈矩就不是崔政权了，他一直是个爱折腾的人，按照行话来说是对科技创新感兴趣，每隔一两年总要主持研发个什么新技术，让专业能得到发展，让同行受益。所以，单位上的人都愿意在他手下干活，知道他不会蛮干，会巧干，巧干就是借力于那些科技创新的新技术。崔政权研发的科技创新项目不少已让社会受益，更让三峡人民受益。

早在20世纪60年代，他主持研发的“六五”国家科技攻关项目“含软弱层（带）复杂地基勘探与工程地质综合研究”之专题七，总报告获科技进步二等奖。自从担任勘测科研所副所长后，崔政权可以理直气壮地搞研发，所以捷报频传。还是逐个展示下吧：

1987—1989年，从事的“系统工程地质与岩土工程研究”，是一项电力工业重点科技攻关专题。1989年10月，水电部主持评审，评语是：成果国内领先，有些理论属国内首创。

1989—1990年，从事的“八五”国家重点科技攻关专题“长江上游水土保持重点治理区滑坡泥石流预警系统选点”，选点都准确。其中鸡鸣寺滑坡预警成功材料——“鸡鸣寺滑坡预警及其减灾效益分析”，长江上游泥石流滑坡预警系统秭归二级站（1992年12月）等都因选点准确、事先预警，避免了损失。

1991—1994年，从事的“长江上游水土保持重点治理区滑坡泥石流发育程度区划研究”，1995年9月获长江水利委员会科技进步一等奖，专家评审结论是：成果国内领先、国际先进。

1993—1995年，从事的“长江三峡工程坝基地质（形变、渗流场）数学模型研究”，为“八五”国家科技攻关项目专题之四，国家级评审结论：是系统工程地质理论在水工地基稳定研究中的实践和发展；本项部分研究成果已在三峡工程单项技术设计中的应用，尤其是建立的3号机组坝基地质结构模型和方法，受到了国内知名水工和地质专家高度评价。

1996年9月，拿出了“三峡库巫山县一带边坡变形机制及其稳态预测专题研究报告”，长江委综合勘测局和中日地层环境力学校际研究中心两家为牵头单位。

1996 年 9 月，拿出了“三峡库区边坡稳定性动态分析（MSARMA）系统研究报告”，长江委综合勘测局和中日地层环境力学校际研究中心两家为牵头单位。

1997 年 6 月，与武汉交通科技大学合作进行了“巴东县城黄土坡与赵树岭滑体变形、失稳计算机智能仿真系统”研究，1999 年获交通部科技进步二等奖，还成为部级推广成果。

1999 年 11 月，主持研发了“长江三峡工程岸坡变形、失稳监测预报系统”，拿出了三峡工程岸坡监测预报实施方案。

担任总工后，尤其是兼任中国岩石力学与工程学会常务理事、国家小组成员、咨询工作委员会委员、地面岩石工程专业委员会主任多种头衔后，崔政权主持或筹办了许多地质专业方面的相关会议，有两次会议不得不提。

一次是在 1995 年，他已经被人称为崔大师了。“三峡库区地质环境暨第二届中日地层环境力学国际学术讨论会”在三峡召开，中国长江三峡工程开发总公司（简称“三峡开发总公司”）是主办单位，协办单位是中国地矿大学，原长江水利委员会总工、时任三峡开发总公司副总经理王家柱做了专题发言，崔政权当然也是主角之一，时任国际岩石力学学会主席、崔政权在日本神户大学的老师樱井春辅参加了会议。吴永锋在他一篇纪念文章里也提到了那次会：

“召开三峡库区地质环境暨第二届中日地层环境力学国际学术讨论会，来了三十几位日本的专家学者，参观三峡工程。在三峡开发总公司的会议室里，由王家柱用中文向日本客人做介绍，一位留学日本的蒋博士做日语翻译。蒋博士大概是对水利工程的一些词汇不大熟悉，翻译过程中时常‘卡壳’，求助于崔总。崔总对‘卡壳’的部分均一一做了翻译。”

会议主办方还包了一条船满载着与会代表考察了三峡。沿途崔政权又成为主要讲解人，他用中文、日文轮番讲解，樱井春辅的夫人也随同前往。一路上，樱井春辅别提有多兴奋，一是到了世界著名的三峡峡谷，在这里几乎看得到所有的地质现象，当老师的真的恨不得立即将课堂搬到这里现场教学，

他的学生称这里是世界地质博物馆一点也不为过。再者，樱井春辅看着一路对他进行讲解的学生崔政权，自豪感油然而生，他的成长轨迹绚丽得胜过了三峡的两岸风光。

中央电视台对崔政权的关注不仅是白岩松主持的《东方之子》栏目，崔政权在北京主持过一次“三峡工程遥感地质会议”，中央电视台《走近科学》栏目当天晚上就播了。

为何说崔政权提出的新理论与创新成果让社会受益、更让三峡人民受益?

1992年，崔政权通过考察，结合在巴东、奉节等地层岸坡的变形、失稳情况，提出了“坠覆体”的概念，对其明确定义为“坠覆体”，并以此指导了巫山新县城的选址工作。自1992年至1998年6个水文年，特别是1998年长江8次洪峰，巫山县长达7千米的新城，边坡高达30～50米，一坡到顶，没有一处“滑坡”，实践充分证明了“坠覆体”理论的成立。这就是崔政权科技创新的成果在三峡城镇选址时的成功运用，更是一个让三峡人受益的一个范例。



崔政权由于掌握了几国外语，经常能捕捉到国际最前沿的信息。1996年国际岩石力学年会上，3S技术在岩石工程勘察中的应用引起国际同行极大关注。崔政权捕捉到了这一新的技术发展动向，很快于第二年提出：“为了保证三峡工程的顺利实施，保障三峡水库的正常运行和新建城镇的安全，必须建立滑坡泥石流3S工程。”因为这是一个保证三峡库区内的新城镇能够长期安稳的一个有效措施，一个对三峡库区子孙后代都有利的措施。只要是对三峡人民有利，崔政权绝对全力以赴。从那以后，他到处奔走呼吁。他邀请武汉测绘科技大学等院校，与长江委一同开展这个项目的前期工作，使长江委又在这个学科中保持领先地位。据介绍，当时这项工作在全国工程地质勘察界都产生了影响，对三峡库区的影响更是深远。由于他较早地推动了长江三峡库区滑坡泥石流预报3S工程的前期工作，提高了对三峡库区滑坡、泥石流的监测、预报水平，不仅对三峡库区，对三峡工程整体也有利。成果拿出后，立即引起了党中央、国务院的高度重视，并于2000年起大规模地开展了三峡工程库区二期、三期滑坡及塌岸的防治工程，保证了三峡工程的安全和三期蓄水目标的如期实现。他为3S技术以后在三峡库区的发展奠定了基础，更为我国修建山区水库的滑坡泥石流监测提供了成功的经验。

这是一个多么有远见的创新，对三峡库区是一个利在当代、功在后代的创新，现在受益的是三峡人民，以后照此效仿，也会让其他库区人民受益。

勇于创新的人，思路总不一般，总能出其不意。原万州地质工作站站长王吉祥到现在一谈起崔政权，还在不断地称赞他的境界、心胸与创新思维，他至今还记得崔政权曾说过的一句话：

“滑坡是上帝赐予万州人的一块块福地。”

事情的起因是这样的。经过长江委人的勘察，三峡干支流上的滑坡就有一千多处，崔政权专门编制了一本《三峡库区崩塌滑体档案》，还配置了大量的图片与绘图。一说起滑坡，人们容易“谈虎色变”，它毕竟是地质灾害。他经过仔细研究后发现万州旧址或新址好几个都在古滑坡体上，也就是说万州是建在一个个滑坡体上的，没有那些滑坡，也就没有万州旧城。

那些滑坡如何治理后得到利用，变废为宝？崔政权总在为地方官员掏出

一个个锦囊妙计。比如，五桥区双峰滑坡，建新城开挖时出现的滑坡，产生了较大的变形破坏。崔政权去了以后，提出治理方案，也就是它滑多少，就清多少，还采取了一些相应的治理措施，最终在滑坡体上修建了一片新建筑，一块新区形成了。何止这一块，像太白岩滑坡群、枇杷峰滑坡群、驸马乡滑坡群等都作为新城建设用地使用。特别是江南新区滑坡群的开发利用，万州地质工作站的进言发挥了很大的作用，万州区委、区政府等好几个区级机关就都搬到建在楠木坪滑坡体上的建筑内。这些新建在滑坡体上的建筑经验收均合格，都成为变害为宝的典型。

没有崔政权的创新思维而得出的“滑坡是上帝赐予万州人的一块块福地”那句话作为指导，就不可能在如此集中的滑坡体上修建新区，迁移了那么多的移民。别说是王吉祥，就是知情的万州人都对崔政权的这一创新思维成果赞不绝口。

## 三、为促成国际合作项目而竭尽全力



海阔凭鱼跃，天高任鸟飞。崔政权是何许人也，他的眼光决不会局限于长江 180 万平方千米、中国 960 万平方千米的土地上，要跨疆越洋。在业务合作方面，崔政权是单位最早一个探索国际合作项目的人。因为那个时候，我们国家在许多方面还落后于西方国家，只有虚心地学习借鉴，才能快速成长。

“崔政权的视野很开阔，国际合作项目搞得也很不错。”几十年后，老专家徐福兴都肯定崔政权在国际合作项目方面的作用，这说明崔政权当时又拉出了另外一道引人注目的、亮丽的风景线。

崔政权在三峡、在国内地质界干得风生水起，但有一点他一如既往地坚持，那就是用睿智的眼睛始终盯着世界勘测的前沿，追踪他们前进的脚步。这主要是源于他 20 世纪 80 年代留学日本的经历，更源于国门大开后世界先进勘测科研技术对他的刺激。他当上勘测局领导，尤其是科研所副所长后，几年的勘测科研经历，加上他英语很好，能够直接阅读外国科技期刊，接触了大量的当时世界先进的地质勘探科技信息，让他清楚我国勘测科研与先进国家的距离。后来，崔政权所在总工程师的位置更令他感到引进先进技术刻不容缓、责任重大。崔政权除了对内继续加强勘测科研所的工作、提高自主研发水平外，他还希望借助于外力。他深知，只有融入世界勘测新科技大潮，才能使单位的技术能力更为强健，在市场经济的大风大浪里稳步远航。

由于在思想上具有前瞻性，随之而来的就是行动上的紧迫性。崔政权一走上总工程师的岗位，就开始行动了，他首先要寻找对外延伸的臂膀，于是将眼光落到了一个叫张京生的年轻人身上。

原长江委综勘局总工助理张京生，在大学学测绘，分到长江委勘测总队测量科后，一直从事 GPS 工作。他作为访问学者进修了英语，后来就没怎么用了，也不知什么时候需要将它激活。1995 年年初的一天，已任综勘局总工的崔政权来到张京生办公室，一进门就问道：

“小张，听说你外语很好，你小子可要把它捡起来。这样吧，你到我办公室来一下，我有事跟你具体商量。”

小张到崔总办公室后，崔总跟他谈了自己的设想。首先，他想将测地机器人（GeoRobot）引进来，让滑坡监测工作更接近国际前沿，提高监测工作的效率。同时他想将 GPS 高精度监测技术也引进来，他需要既懂专业、外语又好的小张的帮助。他对小张如此这般地提出了一些要求，他们更讨论了一些如何操作的问题。

小张当时正是热血青年一个，他爱自己的勘测专业，更爱自己的祖国，希望自己能为祖国的勘测事业赶超世界先进技术多做一些工作，他当即就向崔总表态：

“没问题，崔总！就照你说的去做，我会尽力而为的。碰到什么问题，我会及时向您汇报，尽快将这些事促成。”

小张进入状态了，用英文进行联系、多方面进行磋商，及时向崔总汇报。经过崔总与相关人员的许多配套工作，第一个设想很快得到实现。时隔不久，测地机器人就进入长江委综勘局，运用到勘测工作中去了，与勘测队员一起

在祖国大地上行走，大大提高了工作效率。张京生的英文读、写、说能力也随着工作的深入见长。到了这个时候，崔总又对张京生这样说：

“你小子，我可提醒你、也警告你，千万不要把业务丢掉了，这可是你立身之本。”

“你小子……”崔政权特别喜欢张京生这样积极向上的年轻人，总像父辈对儿子那样称呼他们。

在崔总的鼓励下，1996 年，张京生终于考上了在职硕士研究生，选学专业是“地理信息系统”。崔政权闻讯后非常高兴，马上鼓励他说：“你这个专业选对了，很有发展前途。你要好好学，以后可以与我们的专业挂钩，努力吧，小子！”

对于这样好学的青年，崔政权绝对是给他们积极创造条件。崔政权更明白引进来、走出去是当时整个中国的大潮流。跟国际接轨，引进技术、引进设备固然重要，在引进人才不太容易的情况下，更重要的是培养我们自己的人才。1998 年，跟法国航空、航天遥感集团达成协议，崔政权向勘测局主要领导提议派张京生、长江勘测科研所的高改萍到法国参加遥感技术的相关培训，学习引进这项技术理论与实践。张京生培训结束刚一回国，崔政权就找到他了，马上给他布置任务：

“你小子学成归来，得尽快地将学习成果普及一下。这样吧，你马上写篇论文，主题是：如何建立长江流域基础数据库与数据的分析应用。”崔总布置下来的任务，张京生怎敢怠慢，不多时，题为《建立长江流域地理信息系统的必要性和紧迫性》的论文就发表在《人民长江》杂志上。

老师从来要比学生略胜一筹。崔政权对现代科技的关注、运用及理论上的总结从来都是走在人先、行在队前，历来是一个举旗帜的人。他理论上的前瞻性、可鉴性，历来让许多同志难望其项背。崔政权让张京生总结的同时，自己那几年也有相关的论文陆续发表，有一些是将现代科学技术运用于工作实践，尤其是三峡工程实践。如围绕着岸坡的变形、失稳预测理论与方法论研究，他更多地注入现代的科学技术，相应成果问世了。1997 年 7 月，崔政权的论文《长江三峡工程库区滑坡泥石流预报3S工程可行性论证报告》一发表，就引起了相关同行的关注，他可是将3S技术与三峡工程库区滑坡泥石流预报相结合的第一人。

同样是在20世纪90年代，崔政权始终没有放松对GPS项目的促进工作，想与欧洲国际咨询公司共同完成这个项目。这个项目说大点，可是参与对世界勘测科技进步做贡献的一个举措，崔政权一直在督促小张做这件事。困难重重，张京生需要在崔总的领导下多方沟通，广泛地上下协调，内外促合。说得具体点，崔政权和张京生他们在国内要取得水利部、科技部等上级领导机关的认可，争取国家立项。张京生在法国学习的同时，崔政权就让他与奥地利国际咨询公司始终保持联系，回国后也没有中断。崔政权反复叮嘱张京生：

“做这个工作一定要细心加耐心，所有来往的国际邮件一定要处理好，千万不要有任何疏忽，稍一大意，这个项目就做不成。”张京生那段时间的确是如临深渊、如履薄冰，小心翼翼地处理每一步来往邮件，将他所获得的与欧盟项目相关的信息及时转告给崔总，工作也一直在稳步地向前推进。

崔政权他们硬是坚持了近四年时间。在此期间，更重要的是崔政权还做

了大量与国际前沿技术有关的研究及应用工作。

由于种种原因，三峡库区岸坡的变形监测工作至今没有付诸实施，但考虑到岸坡的变形、失稳是三峡库区主要的地质问题，自 1995 年开始，崔政权一方面进行库岸变形监测网的设计研究工作，同时又在巴东黄土坡、兴山大峡口、云阳宝塔、涪陵师专以及重庆钢铁公司等具特大威胁的部位建立 GPS 网和钻孔倾斜仪进行监测，以获取这些部位在自然状态下的“变形背景值”。

1995—1997 年，在崔政权同志主持下，同武汉交通科技大学合作，建立了“巴东县城黄土坡与赵树岭滑体变形与失稳计算机智能仿真系统”，该成果获交通部 1999 年科技进步二等奖，并列为部级推广成果。

1995—1999 年，针对三峡库区，运用新的概念，拟定了以乡镇为基本单元的群众性监测同以 3S 工程为一体的“长江三峡工程岸坡变形、失稳监测预报系统”。该系统更于 2000 年 1 月经过了以十位院士为主的学者专家的审查，学者和专家们充分肯定了该系统的思路和技术路线。这样一些实践活动，为崔政权他们在一些国际交流活动中也增加了一些实践的例证，更增添了交流对话的底气。崔政权的思想已经引起了法国、奥地利、日本和韩国地学界的关注，他们纷纷表示愿意合作进行研究。

有人不是曾经羡慕西方吗？崔政权果然不同凡响，他只要认真地投入、精心地研究，很快就让西方开始羡慕我们，愿意同我们合作，中国人最强的就是赶超能力，崔政权为中国人争了光。好样的，崔政权！当时有多少同行为崔政权鼓掌。

2001 年，张京生陪同崔政权到维也纳出席一个与项目相关的会议。会议期间，一位奥地利教授对 GPS 数据分析、监测方法很感兴趣，他跟张京生讨论起来。教授希望了解一些滑坡形成的机理，张京生对他进行解释，但毕竟这方面的知识面有限，怎么也没能说服他。这时，崔政权过来了，得知他们讨论的内容，就直接回答那位教授的疑问。他用流利的英语，更用专业而且东西方文化与思维都能接受的话语向教授进行讲解，那位教授很快频频点头，一个劲地回答道：“Yes. Yes!”这位教授以后成为这个第五框架项目的促进派。

那一次出国，张京生就感到崔总在透支健康。从中国到维也纳要坐11个小时的飞机。他们一下飞机，张京生就看到崔总脸色铁青，显得体力不支。崔总一根烟抽下去了，那种状况好像还没有缓解，他又从包里掏出第二根烟。张京生这样一些年轻人总像关心父辈那样关心着崔总，抽烟对肺不好，这是许多地球人知道的事实。于是，张京生上前不客气地从崔总手上夺过香烟，将它扔到地上。崔政权看了张京生一眼，听话地顺从了，也没吱声。张京生怎么也想不到当时崔总的肺已开始遭受癌细胞的侵袭，否则，不会仅过一年多一点的时间突发大病，一住院检查就是肺癌晚期，这当然是后话。

崔政权对工作太执着了，包括对这个项目也太执着了，他最终工作的休止符也是画在这个项目上，只不过所有人都无法听到这个画休止符号魔鬼的脚步声，大家都沉浸在成功的喜悦里。2003年由维也纳工程咨询公司组织，中国、奥地利、希腊、德国、意大利和匈牙利等6个国家7个科研机构和大学联合参加，欧盟第五框架计划项目“滑坡预警系统的集成与优化”成功申请。同年，项目列入我国“国家重点基础研究发展计划”（973计划）。原长江委综合勘测局为项目的责任单位，崔政权是项目主要负责人。

这是张京生与崔总接触得最频繁的一段经历，这位忠诚的弟子对导师的评价是：

“我特别地尊重崔总！他做学问既严谨又果断，给你布置任务从来不拖泥带水。每次讲完后，他都要问一句：‘听明白没有？听明白了就赶快去做。’如果是一个想上进的青年，在这样领导手下工作，从内心里就想向他的要求靠拢，向明确的方向努力，会不断地有所长进。我很庆幸有那一段在他手下工作的经历，让我终生难忘。”

长江委综勘局终于走进了世界勘测科技论坛，年轻的张京生与高改萍也在运作的过程中得到成长。于是也有了崔政权带着高改萍等为欧盟项目欧洲之行的故事，也有了崔政权最壮观的人生谢幕！

# 第九章　骨子里渗透着坚强

什么是成功，成功是希望与奋斗的结合。成功之秘决乃是目标之有恒。崔政权尽管身材不高，但他作为起来，却站成了一棵伟岸的树。

崔政权经常对别人讲自己命里注定一辈子要不断地登高，不停地奋斗。这要靠一种什么样的毅力做支撑？崔政权并不是一帆风顺，也遭遇过很多挫折、委屈，劳其筋骨、饿其体肤，但他都坚强地挺过去了。人常说：大事难事看担当，逆境顺境看胸襟，有舍有得看智慧，是成是败看坚强。凡是跟崔政权在一起工作的同志都能体会到，他的骨子里渗透着一种坚强，担责任者须坚强。



## 一、当三峡城镇选址遭遇挫折时，担责任者须坚强

崔政权在一生中能遇到三峡新城镇选址项目，是实现人生价值的极好机会；而三峡新城选址能遇到崔政权这样的人，是一种难得的幸运。不是说别人干不了，但机遇给了崔政权。所谓的“成功”，不过就是在困境中完成突围。面对艰难，他熬住了，挺住了，出众；若挺不住，败下来了，出局。

一个人能否在艰难困境中挺起腰杆，需要多种因素做支撑。除了才识与经验外，自信与毅力、勇气与坚持必不可少，崔政权是几项素质都具备的人。

熟悉峡江的人都知道，它从来没有风平浪静过。但“江头未是风波险，别有人间行路难”。奉节选址，崔政权以孤立的少数跟奉节人对峙了几年，最终让奉节三易其址，将县城中心安放到了一个安稳的地方。后来，又出现了周折，一个院士对崔政权的选址发出质疑声。崔政权不惧权威，昂立风头就是岿然不动，他最终成为不倒翁。假若当初不坚决否定草堂方案，其后果

不堪设想：1997 年 5 月 30 日中午，奉节县城宝塔坪区发生了直径 20 余米的地面塌陷。后来在奉节广大干群中广泛流传着这样一种说法：“长江委有一位叫崔大师的人，‘四大家’叫他签字（同意草堂方案），他不签字，他的预言又兑现了。”崔政权最终成为最让奉节人佩服的一个人。

巴东黄土坡因崔政权的故事而被人关注。崔政权在 1995 年 8 月，对巴东黄土坡前缘——三道沟一带做了约 20 万立方米滑体即将失稳的预报，在当地政府精心组织安排下，强行疏散了 100 余户居民，搬迁了油库，避免了同年 10 月 29 日该滑体失稳 12.8 万立方米可能涉及的众多生命财产损失与油库爆炸等悲惨事件的发生。同年 11 月 10 日，李鹏总理一行视察滑坡现场，对预报成功倍加赞赏，此事件顿时成了从地方到中央新闻媒体报道的热点。但更多知情的人还知道，为了让巴东人放弃黄土坡，崔政权硬是单枪匹马地同巴东人对峙了两三年。一直到灾魔快要来临，巴东才开始防御，是崔政权让他们最终避免了悲惨事件的发生。

兴山县城从 20 世纪 80 年代到 1992 年，主要负责人在选择县城新址的问题上也游移不定，在就地后靠高阳镇还是迁往南面、距现县城 16 千米的古夫镇之间左右摇摆。崔政权主持选址工作后，组织勘探力量对两个方案的地形地质条件重新进行论证，最后建议将新县城迁往古夫镇，而原县城所在地——高阳镇作为库边的窗口进行建设，这个意见也在 1993 年由省政府组织领导、专家论证会议采纳。这可是在担风险，如果选址错误，崔政权将在兴山县成为众矢之的。现在，兴山新县城已建设成为一个设施齐全的现代化小城。假若选定高阳镇方案，事实已证明县城建设将骑虎难下，被迫大批开挖坡角 25 度以上的山坡，而且仍然处于地质灾害环境之中。

巫山县城新址周围没有第二处可供比较，况且，该城地处大宁河即著名的小三峡口，无论是过去、现在还是将来，它已经是而且今后也将以旅游业为主要支柱产业，前景看好。所以，县城能否后靠建设，地质上必须做出论证。巫山县城一带之所以复杂，是由于沿江一带长达 5 千米，而山体 300 ～ 500 多米的山坡均系“碎块石堆积体”。对该堆积体成因的论证，在 20 世纪 80

年代由一所大学对该部位进行了勘察，提交了这一带是滑坡、崩塌和溶蚀塌陷为一体的“复合堆积体”，向后靠方案不能成立的结论。1992 年，崔政权同志在考察巫山县城一带的地形地质环境后认为，将该堆积体称滑坡堆积体不合适，提出了新的方案，事实证明崔政权的判断正确。

“疾风知劲草，板荡识诚臣。”一个人的意志是否坚强，平时不太容易验证，三峡给了崔政权展示自我意志的机会。崔政权在一次又一次的两难选择中，只能顶着压力坚持正确的选择，显示了自己的毅力与刚强。崔政权如果不坚持正确的选择，势必给三峡人带来地质灾害的威胁。责任大如天，担责任者须坚强。他坚强的动力首先来自于自信。凡任大事者，不可无自信心。每处一事，既看得透彻，自信得过，则以一往无前之勇气赴之，以百折不回之耐力以持之。他一次次顽强地坚持，为三峡人换来一片片安稳的家园，这正是三峡人为何至今还记得崔政权的原因。

人生的经历赋予崔政权太多的沧桑，历练出他金子般成熟而坚强的心态。



傅秀堂副主任曾介绍过这样一件事。一次，开移民工作会讨论移民工作，崔政权在会上发言说：

“我们长江委做移民迁建选址工作，要尽力而为，但工作条件的特殊性决定了所选的新址只能有 70% ～ 80% 的把握。”

湖北省移民局规划处的一位处长没有等他将话说完就反驳道：

“我们给你们付钱了，你怎能说只能有 70% ～ 80% 的把握？”

事后，傅秀堂副主任对崔政权说：

“这是理论上的测不准问题。我是学工科的，你对我说，我能理解，但按常规理解似乎不好理解。就好比说：有一个生僻的字你说不认识，大学老师可以说你去查《康熙字典》。可对小学生，你却绝对不能说你不认识。”

崔政权当然很快就明白了，因为他以前和以后的工作中经常会遇到这类“测不准”问题，关键是让非专业人士如何理解这个“测不准”的问题。“测不准”是 100 年前量子学创始人普郎克提出来的一个概念。理论上三角形的内角之和等于180度，但干过测量的人就知道实际测起来，三角形的内角之和绝对等于不了180度，尤其是面对着不能遍地打孔来勘察的地下世界，“70% ～ 80% 的把握”的确是一句大实话。在现实中，很多事物是没有百分之百的精确度的，所以，在一些领域往往允许有一定的误差率，这不是故意为之的错误。

即使要纠正这个误差率，也是需要勇气的。尤其作为一个大师级的人物，面对讽刺与挖苦，是另外一种考验。担责任者须坚强。宋代的苏轼不仅词写得好，而且也是一个大散文家。他曾写过这样一段著名的话，而被后世流传：

“天下有大勇者，卒然临之而不惊，无故加之而不怒。此其所挟持者甚大，而其志也甚远也。”

吴永锋回忆文章里披露的这件事情，笔者犹豫再三，这样的事会不会影响崔政权的形象？最终还是决定不加删节、完整地转录下来。以此说明，“高大全”式的人物在现实中是不存在的，月本来就有阴晴圆缺，从另一方面还更能表现崔政权的另一种坚强。

湖北省巴东县城位于长江南岸，早在1982年，由于葛洲坝水库移民的需要，就将位于老城上游一千米左右的黄土坡作为巴东新县城的城址并开始建设，后来发现黄土坡是古滑坡区。1992年年初，崔总一行对巴东城区及上游进行查勘，查勘后认为位于老城上游六七千米的云沱和西壤坡一带地形相对平缓，有可能作为新城址，于是决定对这一带开展初勘第一阶段的工作，主要是进行万分之一比例尺的工程地质测绘。云沱一带地形上低于东侧的狮子包山梁百余米，也比西边的西壤坡斜坡低数十米，总体呈凹地形。凭着几十年的工作经验和职业敏感，崔总在查勘后亲自写的勘察要点中，特别强调“云沱凹地形的成因一定要查明”，除了安排勘察总队的队伍进行勘察外，崔总还不大放心，还委托中国地质大学进行专门的构造地质调查。

1992年8月1—5日，在巴东召开“巴东县城扩迁选址论证会”，

在这之前接连开了兴山、秭归城镇新址选择的论证会议。因此，我也顺着参加了巴东的会议。8 月 2 日，会议代表几十人分乘十几辆北京吉普车查看现场，先到了西壤坡，然后折返看云沱。当时，正在云沱的黄家屋场后面的简易公路旁实施第一个钻孔（云 1 孔），这个孔由于是在基岩上，取出的岩心相当不错。就在代表们观看这个孔的岩心的时候，我一个人顺着简易公路往东走了一百多米，上下一望，觉得地形、岩体结构有些异常。由于时间紧也来不及细看就返回上车，和代表们一起回巴东老城了。

论证会议上，勘察单位介绍了云沱、西壤坡的地质情况。工程地质测绘和专门构造地质调查的结果均认为云沱凹地形的成因是构造成因，而且认为云沱一带的地表上很多地方都有基岩出露。再加上代表们对钻孔岩心也有比较好的印象，因此，代表们一致同意巴东新县城扩迁到云沱、西壤坡一带的方案。下一步县城总体规划工作和地质勘察工作平行进行。

会后，崔总召集现场勘察单位和我们几个开了个小会，讨论下一步工作如何做。在这个会上，我提出了我的看法，我说我觉得现在正在钻的那个孔一带没什么大问题，而它东边的赵树岭一带有些异常。当时，崔总马上要求现场的勘察单位在我说的觉得异常的部位布置钻孔。

随后，勘察单位马上在云 1 孔的东边、简易公路上方的斜坡上实施了第二个钻孔（云 2 孔），这个孔实际上已经打出了一些异常，在 60 米深度以上基本上是柱状岩心，之下则是破碎带，并为红色的土包砾。但由于在现场工作的同志缺乏经验，将这段破碎岩心认为主要是机械破碎所致，并未发现异常。

一个多月后，初步勘察阶段的地质勘察工作完成，依然认为云沱的凹地形成因是构造成因，也就是认为是向斜的原因造成的。与此同时，县城的总体规划也相继完成并通过相关部门的评审。在总体规划中，西壤坡作为县城的政治、经济、商业中心，云沱作为文化、体育、住宅用地。

1992 年 10 月，三峡办咨询中心委托长江岩土工程总公司进行巴东新城区共八座大桥桥址的地质勘察工作，岩土公司则安排我具体负责此项工作。于是，我从兴山转到巴东，先是进行现场查勘。由于拟建的沿江路上有五座桥，于是租了一只船，从黄土坡西侧的四道沟开始，顺着江往上看。当抵达云沱的江边时，我发现这一带的江岸略显突出，除了靠近水边是清晰的岩层外，稍上的斜坡上都是大孤石和碎块石夹土，并且还看到源于巴东组第二段的红色物质覆盖于第三段物质上，层序反常。当时我的直觉是：“糟了，会不会是个大滑坡？！”

待到勘察一进场，我就把其他事情先放到一边，和几个地质队员一道，先对云沱进行了全面的查勘，结果发现许多异常，凹地形的成因难以用构造成因来解释，云沱东部存在大型古滑坡的可能性非常大。

我意识到这个事必须马上报告崔总。于是，我赶到县城给崔总打电话。那时候打电话可不像现在这么方便，崔总也还没有手机。我好不容易才拨通勘测总队办公室的电话，得知崔总正在巫山开会。第二天，我就赶紧坐船上巫山，因为是慢船，下午才到达巫山。我找到了崔总，给他汇报了云沱可能存在大型古滑坡的看法，我说：

“我认为百分之九十五是大滑坡，我只给自己留百分之五的退路。”

崔总听了我的话，顿时大吃一惊，神情呆呆的，什么都没有说。吃晚饭时，我们发现崔总还是没有回过神来，脑子里似乎还在思考着云沱的事情，一言不发，机械地吃完了晚饭。我们几个见崔总这个样子，就劝说着让他上街和我们一起散散步，走在街上，崔总还是很少言语。经过一家电影院门口时，我们看到正在放电影，于是硬拉着他进去看了一场电影。

没过多少日子，崔总邀请了陈德基大师、薛果夫、吴玉华等地质专家以及美国垦务局的两位地质专家赶到巴东，对云沱一带进行了现场考察。考察后，崔总让我编报了勘察方案，他审查同意后，便对云沱的东部开展了大范围的、多种手段的勘探工作。

针对云沱东部的勘察花了一年多时间，采用了地表详细地质测绘、物探、坑槽探、钻探、平洞等多种勘察手段，其中最深的钻孔180多米，单个平洞的深度达238米，平洞中揭露出很清楚的多层滑带。通过这些工作，终于查明云沱的东部确实存在一个隐蔽性很强的、规模巨大的古滑坡体——赵树岭滑坡体，其面积约0.86平方千米，体积4000多万立方米。

鉴于滑坡问题的复杂性，勘察报告建议滑坡体高程300米以上可以限制性地开发利用，高程300米以下则暂不开发利用，留待三峡水库蓄水后，根据监测的变形情况来决定是否利用和怎样利用。

这件事说明了对复杂地质体的认识往往需要一个过程，勘察工作需要一个合理的周期。心急往往吃不了热豆腐，欲速则不达。另外，在地质条件复杂区，勘察工作出现一些偏差有时候恐怕是难以避免的。实际上，因为建设并未开始，因此赵树岭滑坡的存在不像黄土坡滑坡那样，并没有造成实际上的经济损失和建设失误，只是需要对原来的规划，也就是说还是纸上谈兵的东西进行适当调整和修改。可惜有许多同志认识不到这一点。当听说云沱存在大滑坡后，各种埋怨、责难、风凉话接踵而至。之后，就进行总体规划的调整和修编了。我已经记不清我和崔总参加了多少次大大小小的讨论会、评审会。只记得基本上在每次会议上都会听到一些风凉话、一些冷嘲热讽。连我这个发现了赵树岭滑坡的人都受了不少窝囊气，更不要说崔总了。崔总是勘察大师，也是一个自尊心很强的人，听了那些话，心里肯定比我还要难受。但他都以大局为重，从来没有计较，而是默默地忍受了。



澳大利亚诗人怀特曾说过："错误是智慧的课程。"这就是生活的真相，一点也没有掩饰的事实真相。整个过程需要重申的有以下几点：其一，曾有几台车的专家一起考察此段都没有发现问题；其二，吴永峰第一次发现异常后，崔政权曾让人重点勘探此段，结果操作失误，拿出的是一个不正确的钻探结果，起了误导作用。可由于崔政权是最后的签字者，问题结果急转直下后，崔政权却成为错误的承担者，左一次右一次地听人说风凉话，受人冷嘲热讽，连旁人听了都受不了。但崔政权可贵的就是“以大局为重，从来没有计较，而是默默地忍受了”。

什么是大局？在三峡重新复核选址的时候，将新城选在一个正确的地方就是大局，崔政权看重的是结果，而不是过程；崔政权看重的是能否给三峡人找一个安稳的家园，而不是别人如何对待他。错误是经验的必修课程。面对着这样一种逆境，崔政权体现出来的是忍辱负重，是心理素质方面的坚强。担责任者必坚强。孔子的学生子贡曾说过：“君子之过也，如日月之蚀焉：过也，人皆见之；更也，人皆仰之。”崔政权是君子也。

“天降大任于斯人也，必先苦其心志，劳其筋骨，饿其体肤。”这是孟子在《生于忧患，死于安乐》中的名句。孟子是中华文化上的老祖宗之一，他在几千年前就将承担大业者所要经历的磨难分析得透彻到位。崔政权是承大任者，这次的遭遇是老天爷对他“必先苦其心志”的磨炼吧！而他在三峡库区更多的是经受“劳其筋骨，饿其体肤”的考验。

## 二、“劳其筋骨，饿其体肤”

为写这本书，笔者采访了近20个人。在采访的过程中，笔者发现了这样一个现象，凡是跟着崔政权到野外考察过的人，包括三峡地方干部，都佩服崔政权能走路、能爬山，也就是说能吃苦，而且这些人没有一个比崔政权年纪大。不管是多高的山，不管是多深的沟，凡是需要，他绝对会坚持到目的地，或上到山顶或下到沟底一探究竟。

地质专业是一个跟山川、大地打交道的专业，更是一个要探寻地底迷宫的专业。所谓的野外地质工作就要亲临现场，讲的就是脚到、手到、眼到、心到，是一个体力加脑力的活儿。

如果说，要评比世界上行走最多的人，养路工和勘测人员都应该列入前列。地质工作是一个户外实践性非常强的专业，说得更具体一点，由于是跟大地打交道，火车、汽车轮子到达不了的地方，都是要借助于行走才能完成的。可是在外搞勘测的人如何的苦，坐在屋子里的人是想象不出来的。真要感谢吴永锋，在那篇回忆崔总的文章里，重现了勘测人员在野外艰苦工作的画面，再现了崔总在野外的吃苦精神。由于是还原现场，真实感极强。读此原文，似乎可以看到行走在大雨中的勘测队员们周身被雨淋得透湿、一个又一个地滑倒、裤子上沾着泥巴的情景。如果是在炎热的夏季，似乎可以看到烈日下的勘测队员们全身大汗淋漓、此起彼伏的喘息和被烈日晒得脱了皮的脸庞及皲裂的嘴唇，关键是脚下时不时还会有危险的路段等着他们。

吴永峰在文章中这样回忆道：

库区的交通条件也比较差，公路大多是四级以下和乡村简易路，路面则多是沙石，晴天一路灰，雨天一路泥，有人形象地称之为“光辉(灰)路”和“水泥路”。长江中只通行慢船，而且班次也很少，大约1995年后才有快艇。凡是车子到不了的地方，就是人迹罕至之地。除了羊肠小道，就是落差四五百米的山路，甚至于更高的山峦，而且起伏不止，只能靠人的两条腿。

…………

崔总虽然很瘦，体重恐怕从来没有超过110斤，而且开始从事三峡库区移民城镇选址时，已经是接近60岁的人了。但他爬山的速度、耐力，连我这个山里娃出身、年纪比他小将近30岁的人都比不了。

本来，跋山涉水，吃些苦，对于搞地质、勘测的人来说是家常便饭，不值得大惊小怪的。但崔总特别能吃苦，而且是从来也没听他说过“苦”这个字。有几件事，给我留下了非常深的印象。

大概是1992年10月下旬，崔总邀请了陈德基大师、薛果夫等地质专家以及美国垦务局的两位专家到巴东考察。那一天，是安排坐车去考察云沱和西壤坡的。吃过早饭后，大伙便坐着巴东移民局的车出发了，没想到刚上路不久，天就下起了雨。当时从巴东大坪加油站到西壤坡去，只有一条简易的公路，这条路在白岩沟东侧与从大坪加油站旁通过的正式公路相连接。这段简易路不但弯急坡陡，而且路面上尽是黄泥巴，一下雨就非常滑，车开上去直打滑。出于安全考虑，移民局的车就不敢往前走了。我们只好下车，打着伞，步行前往目的地。大家顺着简易公路边往前走边观察地质现象，走走停停，雨越下越大。到西壤坡的时候，已经快12点了，大家又从350多米高程沿一条又小又滑的山路往下爬，爬到了高程90米左右的一条顺江走的小路上。大家饿着肚子从上游往下游走，路上好几个人都摔了跤，一直走到大坪的江边才碰到移民局来接的船，回到移民局时都已经是下午3点半钟了。所有人膝盖以下都是湿漉漉的，从上午走到这时大概走了20多千米山路，我们几个年轻人是又累又饿，一副垂头丧气、残兵败将的样子。没想到崔总却乐呵呵地对我们说，我们今天又进行了一次“长征”啰！

1995年9月中旬，考察奉节县城新址三马山一带。崔总带着我们一帮人，早上9点多从朱衣河开始，沿着山中小路经王家坪、三马山后山、高程700多米的莲花池，到了下午6点多才走回到奉节老县城。我

们基本上走了一整天，起码走了 30 多千米山路，中午只在老乡家里吃了点红薯稀饭。

1998 年 6 月 29 日，巴东白岩沟中环路大桥西侧斜坡上，20 多万立方米岩体下滑。崔总第二天就带了几个专家来到现场。滑坡下滑后，把原来的一条能够到滑坡后缘的路滑断了，也把后部的一条引水沟渠滑断了，沟渠里的水直往滑坡里面灌。滑坡的后部拉裂槽最宽处有 50 多米。崔总从旁边的山路往上爬到了滑坡的边缘，接着又要到滑坡的后部去。而要到滑坡的后部去，就需要先通过拉裂槽，再爬到滑体上往上爬。那时，滑坡刚发生过，不时还有石头往下垮。而滑坡是不是还会动？谁也不清楚。我们觉得太危险，就劝崔总不要再上去了，就在滑坡外围看一看算了。崔总说：我是跟滑坡打交道的，滑坡都要怕我，没问题的！说着就带头往上爬。我们也只好提心吊胆地跟着他往上爬。所幸滑坡没有继续下滑，也没有滚石头，我们安全地爬到了滑坡后缘，了解了滑坡后部的情况，只是每个人差不多都是一身汗水和一身泥巴了。

2003 年 7 月 12 日，秭归县沙镇溪镇千将坪发生了大规模滑坡。接到消息后，崔总和我从武汉迅速赶往现场。14 日，我们来到滑坡上。当天是个大晴天，天气非常热，气温达到 37 摄氏度左右。崔总带着我们从滑坡东侧往上爬，一路上不停地拍照、录像、记录。中午我们在附近的老乡家里吃了点饭，午饭后，又顺着滑坡的后缘从东往西爬。滑坡的后部岩石像刚刚被爆破过的一样，非常松动破碎。而且，后部的几十米高的滑动面上还残留有不少危石，摇摇欲坠的。我们爬过了后缘，来到滑坡的西侧。滑坡的西侧边界一带也像被犁过的一样，并且成了一条纵向的深槽，深槽中都是翻滚过的岩块和土。崔总指着那个深槽说，我们就从这里往下爬，一直爬到水边去。我们站的位置高程是 430 米左右，而水边是 135 米。说着，崔总就带头往下爬，我们当然也只有硬着头皮跟着他了。大概花了两个多小时才爬到水边，大家满身大汗，像刚从蒸笼里出来的一样，我都觉得快要累瘫了。崔总看我们这个样子，就和我们一起在树荫底下歇了一会，又忙着考察前部的滑体去了。

有时候，我真想不明白，崔总那么瘦的身体里哪来这么大的干劲。

随同崔政权考察过的人，谁都能说出一两个这样的故事。跟着崔政权搞摄像的周惟本就介绍过这样一个情节：

“有一次在库区不知爬什么山，到最后，我实在是爬不上去了，就站在半山腰等着崔总，看着他一直爬到山顶，那次一同去的有七八个人，还有地方的同志，坚持爬上去的就俩人：一个是崔总，另一个是地方上的一位同事。”当然，周惟本扛着一个摄像设备，但他毕竟年轻，当时比崔政权的儿子大不了几岁。

崔政权的搭档、综勘局原局长陈飞就这样赞叹道：

“崔总真能吃苦，经常在野外工作时，浑身被汗渗得透湿，有时候连裤子都湿透了。”作为勘测局局长主要掌握全盘，还要去许多工作现场检查，与崔政权一起跑野外的时间并不多，他都发现了这种现象，这看来是常态。邓永泰曾经给笔者看过一张照片，照片上的几个人正在查勘地形。中间那个穿黑衣服的是崔政权，旁边站着的、背着身子的人衣服全汗湿了，由于衣服的颜色是浅黄色的，汗迹特别明显，一直到腰部。可想而知，崔政权同时也出了那么多的汗，消耗了那么多的体力。

跟着崔政权跑得时间较长的邓永泰描述得更具体：

“崔总每次出去勘查地质状况时，都要背一个包，里面除了放罗盘等工具外，还要放一个茶杯和一件衬衣。他每次到达目的地休息的时候，将湿透的衬衣脱下来，将包里的衣服穿上。湿衣服放到树枝上或摊到地上晒干，到了下一个目的地再穿上，如此反复。”

后来，崔政权的年岁大了，综勘局专门给他配了一个生活秘书，叫李昌明，崔总每次出差他都要跟随，对崔总在外的作息时间也更清楚：

“崔总到奉节的时间最多，有时一年要去 3 ～ 4 次。夏天几乎都在外面，因为汛期涨水容易暴露地质问题。每出去一次，回来都要晒脱一层皮。每天

是吃了早饭出去，中午饭有时三点多钟才吃上，有一次快4点了才吃上中午饭。关键是那个时候三峡库区交通不便，不少地方车开不进去，只有靠两条腿走。更有不少地方还没有人家，就别说找吃饭的地方了。”

“劳其筋骨，饿其体肤”，孟老夫子是如何真实、贴切地勾勒了强者所要经历的磨难。崔政权不正是这样的强者吗？他是一位担大任者，担大任者面对辛苦劳累须刚强。

崔政权自从担任勘测总队（后综勘局）总工后，一年有一大半的时间是在三峡库区度过的。邓永泰是一个非常细心、有条理、有恒心的人，他有一个跟随崔总工作时期的日记本一直保留着，里面全是记的崔总每日的要事。仅从一段时间的行程安排就可以看出崔政权是如此紧张和忙碌地跑三峡，对三峡库区投入了满腔热情。以下仅是1998年9月到11月的一段日程：



9月15日：崔政权与时任综勘局副局长石伯勋一起从武汉到重庆。

9月16日：从重庆到江津解决珞璜镇防护问题、江津市防洪堤问题。

9月17日：到重庆看巴南区麻柳滑坡。

9月18日：从重庆到涪陵，看群沱子滑坡。

9月20日：从涪陵回武汉。

9月23日：从武汉到巫山，看滑坡与新城建设工地。

9月25日：巫山到宜昌，回武汉。

10月6日：从武汉到秭归、茅坪，看库岸。

10月7日：看郭家坝，看香溪新址建设情况。

10月8日：上午看泄滩，下午到奉节。

10月9日：看宝坪坝公路及三马山沿江大道。

10月10日：看安坪乡新址（藕塘滑坡及磷肥厂）。

10月11日：上午开会。长江委参加的有崔政权总工、石伯勋副院长等，奉节的熊县长等参加，讨论的是建设中遇到的问题——

（1）新县城沿江道防护、库岸再造问题，今年长江大洪水后尤其严重。

（2）沿江路的治理问题，等等。

10月11日：从奉节到云阳，看云阳新城。

10月14日：从云阳到忠县，看新城镇。

10月16日：从忠县到长寿，看扇沱场镇。

10月18日：从长寿到重庆，开会，审查开县的报告。

10月20日：从重庆回武汉。

10月26日：到陈局长办公室，讨论承包分割事宜。

11月1日：从武汉到兴山县，研究有关峡口滑坡治理事宜。

这仅是崔政权自1992年出任三峡库区城镇迁建地质总负责人以来一个半月的行动日程，邓永泰说他一年中有大半年在三峡库区度过一点也不为过。三峡—武汉，武汉—三峡，两点一线的往返已成为他的常态，更不用说突发事件的发生。

在三峡城镇迁建过程中最怕天降大雨、峡江来大水了，可往往是你怕啥它来啥。1997年7月的雨就下得特别多、特别大，水也来得特别急。一天，兴山县原镇粮管所场地开挖一处出现了滑坡，坡下有不少住户。县领导的心一下子吊到嗓子眼了，因为百姓生命财产安全直接受到威胁，他马上将此情况报告给长江委驻兴山地质工作站。

崔政权得到消息后立马给苏爱军打电话，让苏当天下午就和他一起奔赴现场。勘测局立马派车送他们赶赴现场。等崔总他们到了兴山边界，发生了泥石流，将道路给堵住了，汽车无法前行，当时已是深夜一点多钟。苏爱军只见崔总立马下车，将鞋子一脱提在手上，袜子装进裤子口袋里，他知道崔总不愿意等，要从这堆泥石流体上爬过去。榜样就在跟前，人家还是老头子，苏爱军这个壮汉子还有什么说的。他也鞋子一脱，袜子一装，按开手电筒，拎着鞋子跟着崔大师向上攀去。他们踩着泥石流堆体往上爬，脚下除了大小

不一的石头，还有泥巴和水，光着脚走在上面，别提有多滑、多难走了。当他们深一脚、浅一脚用了40多分钟翻过泥石流堆体后，兴山县接他们的车已在堆体的那一边等候。他们凌晨3点多钟才到了工地办公室，吃了一点干粮，稍事休息一下，清晨6点多钟就到了粮管所滑坡现场。

崔政权他们一看，原来是乱挖乱填造成的滑坡，立即提出了处理方案，解除了险情。从前一天中午出发，到将事故处理完，整整24个小时就这么过去了，崔政权和苏爱军二人连眼都没有合一下。更让人想不到的是，崔政权、苏爱军二人深夜冒雨翻泥石流体的举动一下子在兴山县传开了，当地百姓都纷纷赞扬他们这种为了帮助兴山人民解除祸患敢于冒险的大无畏精神。

笔者和邓永泰探讨起崔总为什么能做到如此不怕苦、如此坚强时，邓永泰一语中的：

“那就是他十分看重所承担的责任！”

对头！三峡库区城镇迁建总负责人的责任是通天的，崔政权是一个将责任看得比天大的人。如此看中责任、扛得起责任的人，他就有钢铁般的毅力战胜一切困难，包括劳累和艰险。这就是崔政权骨子里渗透出坚强的心理动机、情感动机与行为动机。

年轻人可以从崔政权身上学到许多东西，但最关键的是要学习崔政权将党和人民交办的事业看得比天大的责任意识。学到这一点，有助于对年轻人培根铸魂，也可以做到骨子里渗透着坚强。德行高人谓之贤，智勇出众谓之能。“贤”“能”兼备的人真是不多，崔政权算上一个，这就是他为什么具备人格魅力的主要原因。

# 第十章　学他长成一棵树

法国大思想家卢梭早在 19 世纪时就对榜样的力量分析得很到位：

“榜样比所有一切的书籍都更有用处，他们亲眼看到你的行为，将比我们所说的一切空话更能感动他们的心。”

如果你在崔政权身边工作过，你就能由衷地体会到什么叫严师、什么叫榜样，他在教你成长，年轻人以学他长成一棵挺拔的树为荣。

亲人的概念，有狭义的，也有广义的。狭义的是指直系亲属或配偶，广义的是比喻关系亲密、感情深厚的人。崔政权身上有一种特殊的魅力，一种由人品、才华、性格、气质综合而成的魅力。这种魅力，让狭义的亲人是那样喜欢他，为他自豪，崔政权的儿子就说，他最敬佩的人就是爸爸；这种魅力，让广义的亲人是那样敬重他，感激他，而崔大师广义上的亲人已桃李满天下。

早在 1992 年，由于他的《系统工程地质导论》的问世，中国电力联合会、教育部还在武汉举办了首届系统工程地质培训班，向全国水利水电系统推广他的研究成果，同济大学、中国地质大学、成都理工学院、武汉水利水电学院、中国矿业大学等聘他为兼职教授及兼职硕导、博导，不少硕士、博士研究生都把选择毕业论文选题的目光投向他创建的领域，他已培养出多名硕士和博士生，他们是那样由衷地敬佩他。

三峡城镇选址的长度达 650 余千米，还不算在选址过程中不断延伸的宽度。作为原综合勘测局的总工程师、三峡城镇迁建选址地质总负责人，崔政权刚进三峡时，他手下的勘测队伍严重青黄不接。光有思想与情怀是不行的，没有一支能干活的队伍更不行，培养年轻人刻不容缓。工程地质勘察是一项

需要很强的实践经验的技术，吴永锋谈得更具体：

“崔大师时常跟我们说，搞地质工作的跟医院的外科医生是一个道理。一个外科医生即使书本知识再丰富，如果不亲自去动几回手术，开几回刀，他就成为不了一个合格的外科医生。”

崔政权将培养年轻一代工程地质与环境地质专家作为自己义不容辞的责任，因为他知道经过努力每个人都可以成为最好的自己，都可以成为国家的有用之才。当三峡移民工程开始启动时，缺少中年的骨干任三峡库区现场地质工作的负责人，崔政权就跨过去，直接、大胆地使用年轻人，几乎都是清一色的 30 岁左右。比如兴山县城镇新址地质论证的负责人是吴永锋和严应征，当时吴永锋是 29 岁，严应征比他还要小；秭归主要集镇郭家坝镇和香溪镇新址地质论证的负责人是张庆峰，比吴永锋小好几岁。老同志主要在技术上把关，起传帮带的作用。13 个县市、100 多个集镇的新城选址复核工作结束了，这一批年轻人都交出了令人满意的答卷。



首战告捷，但建城有责。为了保证 13 个县市、100 多个集镇迁建过程中的地质安全，崔政权在 13 个县都安置了守护神——地质工作站，而地质工作站站长依旧大胆地启用、不拘一格地选拔青年人。每个地质工作站的工作经费，是崔政权帮着从每个县一一落实的；每个地质工作站的办公必备品——台式电脑，是崔政权一一备齐的。崔政权给这些年轻的站长们安上翅膀后，还要带他们集中训练。他每年库区巡查时，都要带着站长们到各个工地扩大视野，增长才干；一年一次的地质工作站站长会更让年轻的站长们互相交流、取长补短、切磋技艺。崔政权最终将他们放单飞了。

三峡是一个敏感的地方，崔政权当时这样做是要承担一定风险的，没有一定胆识的领导是不会迈出这一步的。这些雏鹰们在三峡区域反复地升空、落地，再升空、再落地，双翅逐渐丰满起来。随着一座座新城拔地而起，站长们也随着新城一起成长。他们中间大多数人已经成为单位的技术骨干，有的已走上领导岗位，像苏爱军已离开长江委，成为中国地质大学知名教授，像现任长江设计院副总工吴永峰就曾担任巴东地质工作站的第一任站长。

崔政权既是三峡城镇迁建勘测事业的开拓者，更成为年轻勘测人才麦田的守望者。尽管他已离开了这些年轻人，但早已把智慧的探索传了下来，把对技术的思考传了下来，把对社会的担当传了下来。

曾在崔政权手下工作过的年轻人苏爱军、吴永锋、张庆峰、易名龙、王吉祥、张京生、邓永泰、高改萍等等，现在个个站得出、叫得响，都已成为单位开疆拓土的良将，守土护基的贤臣。他们手下也有了年轻人，也有的退休离开了工作岗位，但还十分怀念当年在崔总手下工作的日子，可谓踏石留印，抓铁有痕，那是一段多么难忘的时光。

崔政权对人才的标准要求是非常高的，年轻人经常听他这样说：

“真正的人才应该德才兼备，要有正确的世界观、人生观、价值观和强烈的事业心，要不断地学习和实践，要勇于创新和探索。”

崔政权不光这样说，而且做得比说得还要好，他自身的形象就是对德才兼备，正确的世界观、人生观、价值观及事业心的最好诠注。年轻人跟着他不仅学会了做事，也学会了做人，而且后者比前者对他们人生的影响更深刻、更深远。

年轻人到底从崔政权身上学到了一些什么？

首先是“匠心不易，方得不凡”的敬业精神。

所谓的匠心，是对事业专注执着，精益求精，是精魂的倾注，所以方得不凡，这也正是崔政权时时吸引年轻人的地方。

崔政权的专注执着、精魂倾注到一种造化的程度，笔者从跟了他八年的邓永泰那里听到了这样一个故事。邓永泰经常陪崔总坐船往返三峡，慢慢地发现了这样一个现象。船在行进过程中，崔总一般都在船舱里闭目养神，但每次一到黄蜡石新滩，崔总就醒了，站起来走到船舱外，看新滩滑坡旧址的变化。外面没有任何标志，也没有广播，可崔总出来得就那样准时。一次碰对，也倒没有什么，可几次都那样准，邓永泰连呼：

“这就神了！这就是他的不凡之处。”

在崔总身边工作，事事留心皆学问，可潜移默化地提高业务水平。吴永

锋在他的那篇回忆文章里就写了崔政权是如何手把手地由浅入深、由表及里地教年轻人的一些事：

古人云“授人以鱼不如授人以渔”。这句话的意思大家都清楚，就是说送人几条鱼还不如教给人家捕鱼的方法。比如，吴永峰到三峡不久，最初在勘探巴东黄土坡时，吴永峰征求崔总的意见，问先看哪里。崔总说我们就先到外围看看。我们一行坐着车就先去看滑坡后缘。当刚过到滑坡后部的侧缘边界时，我说到了我们可以下车了。

崔总却说：“不不不，我们再往前开。”他告诉吴永锋说：“要想把一个滑坡弄清楚，判断它是不是滑坡，最好就从它外围的正常岩体区开始看起，先把它的背景弄清楚，然后再到滑坡区里去发现异常、找出异常，这样才能更有把握。一开始就钻到滑坡区里，恐怕就会不识庐山真面目，一头雾水的。”听崔总这么一说，吴永锋恍然大悟了，于是他们的车继续往前开，开到嘉陵江组地层出露的地方，再从那里往滑坡区边走边看。正如崔总所说的，嘉陵江组巴东组第二段正常的岩层都很清晰，构造也很清楚，但一进入滑坡区，就很难看到成片的岩层出露了，局部的岩层也显得凌乱，跟滑坡外围有明显的不同。

吴永锋最后感叹道，崔大师不仅领着我们看了黄土坡滑坡的外围，还教给了我们在复杂的滑坡区工作的一个重要思路，一个重要方法，也就是从外到内，从正常到异常，逐渐缩小“包围圈”。我在后来的工作中，按照这套工作方法就发现了几个前人未曾发现的滑坡，有的是非常隐蔽很难判识的滑坡，比如巴东的赵树岭滑坡。

经验是智慧的源泉。崔政权首先是教年轻人基本的工作方法，最终还帮他们梳理出了一个“重要的思路”。思路往往决定工作的出路，工作方法有限，而思路却能拓展方法。

如果说，技术的传教是在教年轻人立业，精神的传授则是在帮年轻人立形，也就是教年轻人如何做人。对于这类的教授，崔政权从来不是刻意为之，因为这些的确是可意会而不可言传的，但他身边的年轻人经过自己揣摩多有感悟，直呼受益匪浅。

崔政权的意志不是一般的坚强，年轻人从他身上读懂了什么叫坚持。

“凡任天下大事者，不可无自信心。每处一事，既看得透彻，自信得过，则以一往无前之勇气赴之，以百折不挠之耐力持之。虽千山万岳，一时崩溃，而不以为意。虽怒涛惊澜，蓦然号于脚下，而不改其容。”梁启超早在一个世纪前就对自信心做了极为形象的描述。

“如果你想成功，就应当以恒心为友，以经验为顾问，以耐心为兄弟，以希望为守护者。”美国的爱默生更告诉你如何取得成功。

崔政权用自己的一生诠释了这两段话的真正含义。

吴永锋所在的一勘队对巴东勘察后，发现原来负责选址的地质环境研究所选出的城镇新址黄土坡处在一个古滑坡体上，请崔政权来复核。

崔政权看完后，对吴永锋他们说：你们的认识是对的。当吴永锋他们提到有关上级地质环境研究所已经有结论，如何是好时，崔大师对吴永锋他们说：“你们年轻人在工作中一定要独立思考，不要迷信专家，不要迷信权威。”又半开玩笑地说，“就是我的话，你们也不要迷信，我也不可能永远正确，有时候也可能出错。”

崔政权先是用言语教育年轻人如何独立思考，如何不迷信权威，随后，他在巴东顶着压力说服地方领导放弃黄土坡的故事，就是在用行动教育、影响年轻人如何为坚持原则而做出不懈的努力。崔政权尽管有下面相关勘测队做坚强的技术支撑，但由于他是选址的总技术负责人，出面交涉时他更多的时候是孤军奋战。正因为如此，他的智慧、勇气、意志与恒心便得到了充分的体现，最终成为三峡城镇选址当之无愧的主角。巴东、奉节选址的故事已在三峡人民、在勘测同行中广为流传。他身边的年轻人，不仅悟出了其中的技术含量，更看到了他们身边的崔老总如何为了坚持原则，不畏权势，敢于碰硬的大无畏精神，他们从崔总形象中品到了何谓“真男人”。

创新，是崔政权身上让年轻人追捧的另一个特质。

崔政权是长辈，可他的思维永远年轻，有的年轻人直呼“望尘莫及”。

追踪前沿、永不满足的创新精神是崔政权留给年轻人的又一笔精神财富。

老祖宗在《旧唐书》中就说过：

“随事制法，因事制宜，自我而作，何必师古。”

崔政权用自己的言语与行动告诉年轻人，事业的推动在于不断地创造，只有具备了创新精神与创造成果的人生才是完整的人生。

崔政权的《系统工程地质导论》里创造了一些新观念、新名词，什么“起跳点”“坠覆体”等。由于这些都是过去专业术语中所没有的，有些年轻人不以为然，有些人心里还存有疑问。吴永峰就讲了这样一个故事：

> 1995 年 6 月底，我陪同崔大师察看巴东黄土坡三道沟西侧变形体，崔大师指着变形体东侧几条短小的裂缝对我们说，如果在这里先起跳，那么就会是一个浅层滑坡；又指着西侧的一条长大裂缝说，如果在那里先起跳，那就会是一个深层滑坡。当时我第一次听说“起跳点”这个说法，感到有些迷惑不解，崔大师就给我解释说，滑坡从静止到滑动破坏的过程中，总是有局部区域最先破坏的，这就是起跳点或者也可以叫起跳域，然后再引起渐进式的破坏直至整个滑坡的破坏和滑动。我又问“起跳点”这个概念有什么用呢？他对我说，一个新的理论或者概念刚提出来时，可能并不一定知道它将来会有什么用途，就像一个刚生下来的小孩一样，你能知道他将来会干什么吗？

对兴山县政府后山变形体进行勘测时，崔政权对吴永峰做的一个地质剖面用“坠覆体”的模型进行修改，吴永峰不以为然的情绪流露在脸上，崔大师没有直接批评而是语重心长地说：“你们年轻人思想一定要放得开，不要拘泥于现有的书本知识，要善于接受新的知识、新的理论，不断拓宽自己的知识领域。”

后来，崔大师在奉节专门带几个年轻人去看“坠覆体”这种模式破坏的边坡的完整连续的典型剖面，吴永峰这才终于相信了，而且区分开了坠覆体与滑坡的区别，相应地也就找到了治理这两种不同破坏断面的处理措施。吴永锋也终于弄清楚了崔大师提出这些新概念的目的，并由衷地赞叹。

也只有勇于创新的人才能够提出新的观念，崔政权的专业辞典中总有新的词汇添入，因为他的思索不断在更新，新的领域总在眷恋像他这样的人。

崔政权更喜欢与有创新精神的年轻人为伍，愿意用他们激情迸发的青春活力不断地点燃自己的热情、拓宽自己的思路，不断地让自己趋于衰老的躯体吸取青春的活力，让勘测实践改进工作永远在路上。

崔政权在位时十分重用一个叫苏爱军的年轻人，他们已成为忘年之交。这次笔者在为撰写此书做大量采访工作时，在我面前谈起崔总就落泪的人是苏爱军，他是一个年已五十几、身高近一米八的汉子。

苏爱军 1998 年 4 月任综合勘测局副总工程师。1999 年，崔总将他送到法国学习遥感理论、技术与实践一年多，2000 年 8 月回到综合勘测局继续协助崔总工作。在这一段时间里，崔政权放手使用这个年轻人，苏爱军真是没有让他失望。崔政权不仅看中苏爱军扎实的专业技术水平，更欣赏他不断推陈出新的思维与不断冒出的新点子。只要是对事业有利的，崔政权绝对坚决支持、马上采纳，甚至于推广应用到工作中去。

现在，地质灾害勘测设计治理施工一条龙服务已成为常态，出这个点子的第一人是苏爱军，进行推广应用的第一位领导是崔政权。以前，长江委分工非常明确，勘测、水文、科研、规划设计，都不能越位。当各个单位都在找市场的时候，都想将自己的业务范围由“一业为主”，向“两头延伸”发展，从而达到增效的目的，作为总工程师的崔政权也肩负着这一责任。

三峡城镇迁建过程中，长江委综勘局的各单位开到库区各县为移民复核城镇新址的工作进展迅速，找出了一个个城镇新址，更勘察出了一个个地质灾害点。按照过去常规的做法，勘测工作也就到此结束了，将地质资料交出后，就该撤离了。苏爱军总对长江委自己费劲搞出的资料拱手交出不甘心，他开始动脑筋了。这天，他来到崔政权的办公室，要跟崔总汇报一个新的想法，他说：

“崔总，将地质状况搞清楚后，我们有做设计工作的优势，我们为什么

将资料拿出来让别人做？我们自己可以搞地质灾害防治设计工作。我过去在成都勘测设计院做过五年的设计工作，我可以来做这方面的设计。”

“太好了，小苏！”崔政权首先赞叹道，接着表明了自己的态度，“我早就有这方面的想法，苦于没有人才。你如果愿意做，我坚决支持你。小苏，你赶快打一个我们综勘局成立一个地质灾害防治设计室的报告，我来负责督办。局里现在比较困难，要开拓市场，年轻人应该有这种敢闯的精神。”

有崔政权的支持，苏爱军很快就将报告拟好了。崔政权逐字逐句做了修改，经综勘局研究后，1998 年 6 月成立了“长江勘测规则设计研究院地质灾害研究防治分院”，石伯勋兼任院长，苏爱军、吴永峰分别兼任总工、副总工。1998 年“三定”时，在长江岩土工程总公司项目部下设岩土工程设计室。2001 年 3 月，综勘局副总工苏爱军兼设计室主任，最初人员只有四人。到了 2003 年，设计室还在国土资源部办下了资质。设计室 2001 年开始工作，当年产值一人一百万。设计室现仍归岩土公司管，是地质公司的一个设计室，至今也是效益最好的一个室。从那以后，综勘局不光能通过地质勘探找出地质灾害点，还拓展到岩土工程设计，掌握了地质灾害防治一条龙服务的主动权。



苏爱军说：“崔总在综勘局地质灾害防治理一条龙服务方面做出了重大贡献。”

说得具体点，应该是崔政权培养年轻人的结果。崔政权大胆地启用年轻人，支持年轻人的新点子、新观念，他的观念与领导方法及执行的策略也随着年轻化，单位的事业永葆年轻才能发展。

在事业面前，崔政权绝对是忠臣。

忠者，德之正也。唯正己可以化人，故正心所以修身乃至于齐家、治国、平天下。凡建功立业，以立品为始基。从来有学问而能担当大事业者，无不先从品行上立定脚根。崔政权为什么在年轻人中间那么具有人格魅力，首先在于他的无私与坦荡，只要是对事业有益，他什么都可以献出。

前面也说过，崔政权是综勘局最早拥有而且学会使用手提电脑和数码照相机的人，他曾对吴永锋说，他的笔记本电脑里储存了几万张各种地质照片。

了解他在库区工作经历的人，都清楚他那几万张照片的来历。每次到库区考察期间，崔政权总是带着同志们奔波在各个工地，白天他挎着数码照相机拍摄大量的照片；每到晚上，一行人回到宿地，连年轻人都累得不想动，可崔政权还要对着照片逐张地写说明，撰写考察报告，经常工作到深夜。他常说：

“今天的资料必须整理完，不然就要堆起来。”

那来之不易的几万张地质照片，崔政权最后都无偿地转送给了年轻人。他的接班人，吴永锋，就是最早得到这批照片的年轻人。

2005 年，吴永锋作为技术负责人从事三峡库区移民工程高切坡防护的有关工作。这年 7 月的一天，崔总交给他一个移动硬盘，说是他拍摄的高切坡照片。吴永峰打开一看，文件大小竟达 7.5GB，里面有几千张各个区县的高切坡照片，而且是按照区县顺序整理得好好的，每张照片都有编写说明。

“我的那些资料，只要你们用得着，就统统拿去。” 这是崔政权对年轻技术人员常说的一句话。他一生积累了大量宝贵的学术资料，经常地无私地提供给青年同志们学习、研究、引用，他真是一个为了事业什么都能奉献的人。他尽一己之力，使与他共事的人多得到他工作的裨益，不断地尽其所能地扩大朝同一目标迈进的人流量。

无私品高，德高望重。所以，这些年轻人非常感谢崔政权，盛赞崔总是“学识渊博、品德高尚、胸襟坦荡、诲人不倦”的恩师和引路人。

崔政权是带领综勘局迈入世界勘测界的第一批人，是与世界勘测界接轨的第一批人，同样是将长江委勘测年轻人推向世界的第一批人。

崔政权还充分利用自己是中国地质大学（武汉）和中国矿业大学（北京）等科研院所的兼职博导等有利条件，亲自联系派出年轻同志前往法国、英国进修学习，像苏爱军、张京生、高改萍通过学习将当时世界最前沿的勘测信息化科学技术带回来，再结合自己的实践进行改进，让综勘局不少勘测技术水平迈入世界第一方阵。不少年轻人的涉外水平也得到了提高，像欧盟项目

中的张京生、高改萍在援外项目中做得风生水起，做到了单位与个人双赢。

双赢何止是张京生、高改萍。在崔政权的教育和直接影响下，长江委综勘局的一批年轻人已长成栋梁之材，成为一道壮观的勘测人才风景线。

首先要提到的现在也成为专家的苏爱军。2002年，长江委机构改革，综勘局合并到设计院，勘测科研所更名为水利部长江勘测技术研究所，为水利部属长江委管二级机构，苏爱军升任水利部长江勘测技术研究所所长，才离开了崔总。2009年，苏爱军离开长江委调到中国地质大学工作，他说："我的为人和做学问在很多方面受崔总影响很深。我离开水利部长江勘测技术研究所所长这一副厅级岗位，来到中国地质大学（武汉）三峡库区地质灾害研究中心工作，主要是想集中精力为三峡库区地质灾害研究多做一些工作。"

"我现在从事地质灾害防治研究工作一方面出于对这一工作难以割舍的热情，另一方面更是为了了却了崔大师的心愿，将崔大师的遗志继承下去，让世世代代的三峡库区人民摆脱地质灾害的威胁。回想起来这点还略感到有些欣慰，可以告慰崔大师的在天之灵。"苏爱军他们现在防治地质灾害的成果显著，真令人振奋。

吴永锋现已从一个普通的地质站的站长走到长江设计院副总工的岗位，也成为一个地质专家了。他对崔政权的感情就像儿子对父亲的感情。崔总因病在西部调水勘察线上病倒了，送进四川马尔康医院时，他看见来接崔总的担架太脏，一下子将崔总抱起送进观察室。他由衷地说：

"在崔大师等老一辈专家以及领导们的关心培育下，年轻一代工程地质技术人员得以迅速成长，在技术上逐渐走向成熟。从设计院目前的勘察技术力量和技术水平来看，可以毫不夸张地说，我们有能力承担和完成世界上任何一个工程的地质勘察任务！"

"对于我来说，在我的人生岁月里，我有十多年时间是在崔大师的亲自指导下工作的，对此我感到非常的庆幸。可以说，我能够走上设计院副总工这个岗位，与崔大师对我的指导教诲、关心关怀是分不开的。我心里永远感激崔大师，我将永远怀念崔大师！"

我们这位副总工文学素养还挺高。崔政权逝世后，他还赋诗一首，表达对崔大师的感激之情：

勘察大师奔波一生，
最终，他实在走不动了，
于是他把自己脑海里的褶皱取出来，
化作后辈前进的路！

易名龙起点并不高，大专毕业，20世纪80年代被分到位于赤壁的六勘队，90年代被崔政权选中，在三峡城镇迁建工程中得到锻炼，是奉节县地质工作站第一任站长；1997年升为六勘队副主任，1999年六勘队更名为六勘院，他已为院长了；2003年调到位于武汉的长江岩土工程总公司，曾任公司计经部主任地质公司副总经理，现在已为高工。易名龙充满感激地强调道：

“我们都是在三峡成长起来的，这要感谢崔总，没有崔总建设的地质工作站，我们就得不到那样多的锻炼机会。我们只要在实践中能体会到他的意图，学习他的思想，加上学习他的精神，就会成长。

三峡城镇迁建选址工程对单位与个人来说也是一个双赢的过程。三峡大量的工程让我在实践中得到充分的锻炼，否则我也不会成长得那样快。”

张庆峰是笔者这次为撰写崔政权一书采访总的策划人与安排人。他不仅为我拟定被采访名单，而且安排我到三峡库区相关县的联系人，并一一给他们打电话，落实我去后的相关事宜。他动情地说：

“你采写崔总，于公于私我都愿意帮忙。”崔政权在上海住院时，张庆峰抽出时间专门自费坐车到上海去看崔总。可惜崔政权已不省人事了，昏迷不醒，他连一句话也没能跟崔总说上，一直深感遗憾。

三峡城镇选址时，张庆峰随当时长江委勘测大队一勘队从位于鄂西北的丹江口过来，崔政权无比信任地将秭归的新城选址工作托付给二十多岁的张庆峰，后来又将第一任地质工作站站长的工作交给了他。三峡城镇迁建工作结束后，张庆峰被委任为长江岩土工程总公司（武汉）丹江分公司副经理，2004 年调到总公司任经营计划部副主任，现还在继续工作。

崔政权最后在上海住院时，王吉祥和长江设计院杨启贵总工一起去看他。王吉祥最心疼崔总的那两条腿，那两条勘察时总是走在最前面的有力的腿，已瘦成皮包骨了，看了让人心疼。

王吉祥，原万州站站长，曾任武汉岩土工程总公司经营计划部副主任，分管三峡库区的生产经营。他 1995 年进万州，到 2005 年回到武汉总部，在万州常住了 10 年。他这样对笔者说起崔政权：

“我一直对崔总怀有一种崇敬加尊敬的感情。崔总是真正地在关心和培养我，他曾先为我联系到中国矿业学院中国科学院院士何满潮教授那里去深造，后又为我联系到西安理工大李宁教授那里去深造，我都因一些原因没能去成。但我现在还十分感谢他，他为培养年轻人费尽心思，尽量为我们创造条件。”

王吉祥工作一直很出色，他说：

“万州岩土公司在当地每年都有几百万的项目，而且与移民迁建方面的项目都是长江委在做。这实际上就是品牌效益。由于十几年双方深入的了解，都有一种真诚合作的关系。移民城镇迁建项目早已完成，现在是城镇发展问题，这一切都是崔总为我们打下的基础。”

崔政权有那么多朋友和亲人，尤其是年轻的朋友，主要由于他不仅是他们的恩师，更像他们的慈父。

跟崔政权在库区跑了七八年的邓永泰到现在还记得每次跟崔总出差时，工作一做完，他总是谢绝接待方的挽留，对邓永泰说：“阿泰，咱们早点回家吧！你们年轻，孩子还小。”

崔总的声音仿佛还在他耳边回荡，这个大小伙子一想起鼻子就发酸。

邓永泰对崔总除了尊敬便是崇敬，说起崔总他真是有那么多感慨：

“我自从参加工作到现在，接触了那么多人，像崔总这样的人还真是少见，至少我还没有碰到第二个。”

邓永泰对崔总的评价不同寻常，他当上崔总秘书的经历也不同寻常。

崔政权在勘测总队绝大多数人眼里是十分严肃、不苟言笑的，他看人的眼光很厉害，挑人的标准更是不同一般。邓永泰是经济学院毕业的，学的不是地质专业，可他却当崔总秘书时间最长。邓永泰原在勘总政治处工作，并不与崔总直接接触，是凭着宣传业绩让崔政权知道他这个人的。邓永泰到综勘局后在宣传上的确是干得风生水起，基本上每一年都要在中央或省级报刊上发七八篇新闻稿。《人民长江报》那段时间开辟了一个“科海精英”栏目，邓永泰是其中的重要撰稿人之一。时间一长，崔政权开始关注这个人了。一次，崔政权问当时政治处主任黄国保：“邓永泰的稿子写得不少，也写得不错，他是哪个单位的。”

“是从六队调来的，现在政治处专门从事宣传工作。”

邓永泰在崔政权心目中加分了。有一天，勘总领导突然给邓永泰布置了一个任务，让他马上到三峡万州去，将当时崔政权的秘书给换回来，说是崔总点名让他去的。从此，邓永泰就成为崔政权的秘书，跟着他七八年后才分开。

崔政权最后一任秘书李昌明有一番话有助于理解崔政权上述行动：崔总如果对你有看法了，你怎么跟他套近乎都是不行的。如果你的工作没有做好就来交差，他会不理你，这比直接批评的压力不知大了多少倍。崔政权是一个只认事、只认理，不讲情面的人。张庆峰的说法还要直接，崔总是个好人，

是搞技术的人，有什么说什么，说了也不会往心里去。他不管说什么话、做什么事都有一个原则，就是对工作是否有利。

邓永泰跟崔政权七八年时间，已由一个非专业人士转化为专业人士。他现在已是长江工程建设局副总工程师，感触最深的就是崔总对他在地质专业方面由浅入深的教授。

“同一个问题，他对苏爱军讲的内容与对我讲的内容就不在一个层面上，对我讲就尽量地通俗易懂，久而久之，我耳濡目染地慢慢地入了门。

“崔总对年轻人要求很严，他从来不大声吼叫，但很严肃，而且是挂在脸上，所以年轻人都很怕他，但对喜欢的人他还是经常地跟他们开玩笑。他最不能容忍的是在工作时的弄虚作假。有一次，他打电话问一个地质站的工作，问那个站长某个地方去了没有，那个站长明明没有去，却说去了。尽管那个站长后来还是去了，但崔总问时，他还没有去。崔总知道真相后，从此再也不理那位站长了。他把对工作的忠诚看得比什么都重要。”



说起崔总来，邓永泰似乎有赞叹不完的话：“我真的很少碰到像他这样勤奋工作的人。他进了办公室后，就关上门，除了上厕所，他是不出来的。到了中午，徐阿姨下来把他带来的饭用微波炉热一下，他吃完休息片刻，又开始工作，他上班时间从来没有停一下的工夫。他写过、审过的文件加起来估计有近两米高，一万张图纸他可是一张张审过来的。”

与崔总同一层楼办公的吴永锋感受得还要具体：

“到他的办公室汇报工作，只要一汇报完，我们都会知趣地马上离开，因为我们都知道他太忙了。如果你不走，他会用眼睛望着你，似乎在下逐客令，让你不敢久坐。我想，正是由于这一点，才让一些不熟悉他的人觉得难以接近。

“为了事业，崔总花费了多少心血呀！

“有时候，我只觉得，为了事业，崔总简直是在提前预支生命，提前耗尽了心血。否则，他不会走得这么早。”

作为生活秘书的李昌明回忆的尽是一些温暖的细节：

“每次出差回来，我将崔大师送回家，徐阿姨都会说：小李，谢谢你！老头子身体又不好，麻烦你了！

“崔总其实是个性很强的人，爱憎分明。他不喜欢的人，你怎么向他靠近，他都不会接受你的。他只要接受你了，就像对待孩子那样对待你，还跟你闹得特别热乎，跟你拉家常，开玩笑。像我们两个地质站站长特能喝酒，他见着他们，一个喊‘黄八两’，一个喊‘周一斤’，他实际是一位很随和、很好打交道的人。”

谈起崔总对年轻人的榜样作用，李昌明深有感触地说：

“真的要用崔总的精神鼓励现在的年轻人。在地质方面要做出成绩，不能仅靠书本，要靠两腿跑，一个个实际问题处理多了，才能积累经验，树立起权威。长江委的三个勘测大师都是跑出来的，崔总跑库区，陈德基跑坝区，徐瑞春跑清江。他们的实践经验多了，判断问题才准确，说话才有分量，才有权威。”

现在是一个寻找榜样、呼唤大师的时代，要学崔大师站成一棵树。但愿崔政权的榜样力量能激励更多的年轻人成长，更要相信成长的力量是无穷无尽的，长江永远后浪推前浪。

# 第十一章　一生充满爱的亲情

俄罗斯大文豪高尔基是 20 世纪五六十年代中国人耳熟能详的名字，他的名篇《海燕》里的“让暴风雨来得更猛烈些吧”，充满了阳刚之气，成为多少年轻人的座右铭。他也有舒缓、深沉的浅颂，如他对亲情的一段描述：

“时间的流逝，许多往事已经淡化了。可在历史的长河中，有一颗星星永远闪亮，那便是亲情。时间可以让人丢掉一切，可是亲情是割舍不去的。即使有一天，亲人离去，但他们的爱却永远留在子女灵魂的最深处。”

崔政权是幸运的，他奋斗了一生，也劳累了一生，但爱也陪伴他走过了一生，尤其是充满亲情的爱。



## 一、结良缘情深意长

1956 年 6 月，崔政权以优异的成绩从大学毕业，刚开始被分配到原地质部三峡大队，参加三峡区域、南津关坝址勘察，随后被分配到长江水利委员会勘测部门工作。他刚到长江委不久，命运又发生了变化。原来武汉长江水利学校的一位教师要出去进修，学校找到长江水利委员会请派一名刚分配来的大学生帮助执教一年，领导找到崔政权，请他去学校任教一年。时间不长，但崔政权收获倒挺大，关键是他在那里收获了爱情。崔政权与妻子徐凤芝是师生恋，徐凤芝到现在还记得他们的恋爱经历。

那时的武汉长江水利学校就位于风景如画的东湖边，现在的武汉邮电学院所在地。

他教二年级的课，还要让他当一年级一个班的班主任，于是他遇到人生另一半的故事也就从此开始了。

那是一个青春张扬的年龄，崔政权一踏上讲台就备受师生的关注。本来那一班的学生对他的出现就抱有好奇心，这位老师看起来大不了他们几岁，也有着青春的面孔。再加上经介绍这位老师又是朝鲜族人，朝鲜族人来教汉族学生，能行吗？时隔不久，这两个问题就迎刃而解，尽管他年轻，课还讲得挺好；尽管是朝鲜族，一点也没有语言障碍，普通话还讲得蛮标准。当然学生谁也不知道，他是上大学时才学的汉语，否则就更受学生推崇。

这位崔老师简直是学生们尤其是女生的明星。他个头不算高，也就是一米七过一点，但人显得十分精干，特别是瘦削的脸上闪着一对明亮的大眼睛，特别有神，搁在男同志中间用帅哥来称呼一点也不过分。崔老师不仅人长得帅，而且口才十分好，走上讲台上了不多长时间的课，就抓住了学生们的心，上他的课真是一种享受。由于比学生大不了几岁，和学生也能玩到一起，身为朝鲜族人，能歌善舞，他当时简直成为女学生的偶像。

可毕竟是借调，只有一年的时间。时间一到，他回到了长江委，又被分配到位于四川合川的第四勘测队。尽管仅一年时间，他跟那些学生还是有感情的，一直同他们通信。写了一段时间后，到了这些学生上二年级时，有人发现老师就不给大家写了，只有一个女生经常接到他的信，这个人就是徐凤芝。这个叫徐凤芝的女生是上海人，人不仅长得清秀，而且聪明，在班上学习成绩也名列前茅，她走进了老师的内心世界，最起码老师当时愿意跟她单独通信，多聊几句。当然，信的内容主要谈如何学习，还没有开始儿女情长。在徐凤芝大三的时候，有这么一个契机让他们的关系更进了一步。

1959 年，崔政权所在的第四勘测队当时有两个技术小组，崔政权是一个技术小组的组长，负责嘉陵江亭子口的地质勘探工作；另一个技术小组的组长叫徐瑞春。几十年后，这二人先后被评上中国工程勘察大师，一个在三峡大显身手，引起回响；另一个在湖北清江上下驰骋，被封“清江王”，二龙戏珠，这在前面也叙述过。现在的叙述还是回到崔政权与徐凤芝身上来。

那一年，苏联专家从中国撤走，包括负责嘉陵江流域地质勘探工作的阿克林。当时，总工李镇南要听相关方面汇报，领导让负责这方面工作的地质组长崔政权到武汉来汇报，他到武汉后就住在当时长江科学院对面的陆军招待所（现解放军陆军总医院所在地）。崔政权给徐凤芝打电话，说自己过来了，请她来玩一下。老师有请，她岂敢怠慢。她到了陆军招待所见着崔政权后，他立即将那张“窗户纸”捅破，从此他们确定了恋爱关系。爱情不是一颗心去敲打另一颗心，而是两颗心共同撞击的火花。

两颗动了爱情的心，对人生、对幸福、对自己，都抱着无穷的信心，都抱着无尽的渴望。那一年的 9 月，徐凤芝毕业被分配到位于四川成都的四川水利厅，有一个月的假期，她到成都要路过重庆，就先到了崔政权第四勘测队所在地——合川去玩。哪知她到了合川，他们俩就开始遭到时任队长和政委的轮番“轰炸”。这个对崔政权说：

“小崔，你这次可别把她放走了。她到了四川水利厅，那边的小伙子多，女大学生又少，弄不好就把她拐走了。这次趁热打铁，把婚结了算了。”

那个对徐凤芝说：

“小徐，你来了就别走了，你们俩见一次面多么不容易啊！你们俩不结婚，哪里有探亲假再见面？干脆将婚事办了，你到小崔这里来就更方便了。”

“可我们什么也没准备呀！”

“这事你们就别操心了，我们来张罗。”

嘿！还真让他们张罗成了。第四勘测队在合川本来就借住民房，再借呗！经努力，还真有一个小学教师愿意将房子借给他们做新房，爱情可以化普通民房为宫殿。徐凤芝多年后对笔者说起此事时还说：

“那个时候的人就是好！”

不光房子是借的，房子里面的东西全归两位新人使用。那个时候正好是三年自然灾害期间，婚宴是摆不出来的，尽管买到了几斤水果糖，但对不起，却是黑糖。就是这样的条件，全队人坐在一间大房里，边吃糖边喝水，领导再讲讲话，当当证婚人，一点也没有影响喜庆的气氛，婚就这么结了。一个月婚假结束后，徐凤芝就到成都四川水利厅报到上班，四勘测队的领导再也不用担心他们队的媳妇被人“钓”走了。

徐凤芝到了四川省水利厅后，组织上就把她分配到都江堰，从事该地区的地质勘探工作，他们俩开始了鹊桥相会的生活。崔政权是技术骨干，四川省水利厅要他调过去，但长江委不放。又隔了一段时间，都江堰那边的工程下马了，在徐凤芝何去何从之时，长江委将她调到了勘测总队第四勘测队。徐凤芝从舒适的成都来到了合川，从此这对双职工与第四勘测队一起转战南北。第四勘测队先到了湖北襄樊搞南水北调选址。在那里，他们的大女儿崔蓓出生了，那是1962年。不到两年时间，儿子崔维又降生到人世，儿女双全，真是一个让人羡慕的家庭。徐凤芝动情地回忆道：

"他对我是很爱护的。比方说，我生了两个小孩后，他怕我再怀孕，自己到重庆后，做了结扎手术。我知道后直埋怨他，你怎么不跟我讲一声，不是说男同志结扎不好吗？"

"他说，这没有什么不好，免得你去受罪。他非常体谅我，因为女同志做结扎不是要开刀吗，他怕我受苦。"

一对儿女也够这一对双职工忙乎的，好在上海的外婆专门到四勘队帮他们度过了困难期。但1966年到四川达县时，崔政权还真有时间帮着徐凤芝带孩子了，不是他不愿意干公家的事，而是"文化大革命"开始了，他靠边站，已没有工程让他干了。

这时，崔蓓已有记忆了，她回忆说：

"那时我身体又不好，我爸爸总是背着我去打针。对我们两个孩子，他特别惯我。我小时候性格有点像男孩儿，很淘气。弟弟倒像女孩子，听话。比如说，我要去幼儿园前总要提条件，要买个什么才去。我的脾气很烈，他就依着我，我要啥，他就买啥。

那个时候我还小，但这点我记得：我们家门一打开，全都是大字报，都是批判我爸爸的，只因为我爸爸技术好，说我爸爸走白专道路，爸爸还经常被拉出去批斗。爸爸本来话就不多，那个时候就更加沉默寡言，一天到晚就抱着一本书看。他是拿着一本日文版的《毛泽东语录》在看，造反派对他也无可奈何，他借此也学了日语。"

1968年，崔政权他们又在武汉待了两年，专门搞运动。1970年，四川彭水要修水电站，他们到了彭水。当时还是造反派当道，他这个“反动技术权威”还在“靠边站”。于是，崔政权有了时间，有了愿意看自己书的时间，于是更有了他到新华书店抄书的画面。徐凤芝这样解释他的抄书行动：

“那时我们不是工资不高嘛，又有两个孩子，拿不出更多的钱买书，他就到新华书店抄他所喜欢的书。刚开始是站着抄，时间一长，书店工作人员见他进来，就将板凳给他坐，让他坐着抄。”在那个读书无用的时代，这样爱学习的人谁不喜欢，谁不支持。“书山有路勤为径，学海无涯苦作舟”，用在崔政权身上正合适。

又过了两年，有一个问题迫在眉睫，孩子要读书了。

## 二、浓浓的爱意，满满的亲情

崔政权不管不问家里的事，是出了名的甩手掌柜。徐凤芝在干家务活方面里里外外是个行家里手，大人孩子的事都要操心，她的能干是崔政权在家务方面的不会干、关键是没时间干，逼出来的。



“他家务活什么都不会干，我伺候了他一辈子。他一天到晚都钻到书房里学外语，或看专业书、写材料，家里啥事都得我操心。”孩子们到了上学的年龄，在哪里上学又该这位家庭主妇操心了。

你如果跟长江委的外业职工聊天，谁都能说上一堆亏欠孩子的话题。勘测队员长年累月在外面钻沟、爬山，到处风餐露宿，绝大多数驻地都在三线、四线小县城，那里的教育资源极其落后。徐凤芝就谈到后来一对儿女为什么和他们分开的原因：

“文化大革命”时，小孩子一直跟着我们到处转，学习很受影响。我这个人很活跃，在外面好跟人打交道。有一次，我到长办大院开水房打开水，正好碰到当时一个造反派的头头告诉我，现在有一个政策，夫妻双方如果都是外业职工，小孩子可以放到夫妻父母所在地任何一方的城市读书。我的家在上海，我们当然希望儿女们到中国最好的城市读书。我马上去办理相关手续，很快就批下来了，将两个孩子的户口办到了上海。你就别指望老崔去办这样的事了，他什么都不知道，也办不好。”

就这样，崔蓓、崔维从上小学时离开了父母，到上海读书。崔政权、徐凤芝他们完全是出于好心，想让孩子到中国第一大城市的学校学习，接受最好的教育。

良好的愿望能实现吗？

多少年后，女儿崔蓓说：

“在读书方面，爸爸认为最大的遗憾就是没有把我们放在他身边，我们在上海实际上是在散养似的学习。他后来认为如果将我们放在他们身边，我们的成绩会很好的，说不定会接他们的班，我们应该走他从事科学技术这条路。但从另一方面讲，爸爸、妈妈又给了我们一个自由发展的空间。”

儿子崔维这样看那段经历：

“我想到自己的成长过程，现在就很愿意陪伴儿子，主要是想弥补我童年时与父母聚少离多的遗憾。我和姐姐从小在上海跟我妈的外婆长大的，我们叫太太。所以，我们童年过得很艰苦，那是与父母没能在一起的艰苦。我们在上海上小学时，总在盼放假，回到父母身边。我小时候印象最深的是长江和轮船，那个时候还没有直达的火车。每次放假后，我和姐姐先坐船到重庆，然后再坐小船到彭水。到了父母身边刚刚跟父母熟了，又要走了，要回上海上学。就这样，我与父亲之间的话就越来越少。所以，我对父亲的感觉就是崇敬。”

亲骨肉之间聚少离多，那是一段什么样的经历，不堪回首。当然这样一次次的离别剧在当时许多外业职工的家庭中都上演，不独崔政权一家，其中的思念之苦自不必说，光是孩子们每次假期千里迢迢的跋涉就够让父母担心的了，他们仅是上小学的孩子啊！试想一下，每到寒暑假，才十一二岁、本来就是孩子的崔蓓，带着比她还要小的弟弟崔维，背着小书包，带着仅够在路上吃饭的一点钱，由上海坐车、乘船，不顾路途遥远，奔波到父母身边，就是为了跟父母待上几天，是什么样的感觉。徐凤芝母子三人在接受笔者采

访时都不约而同地谈到了一次险情，这一对儿女差点没了。崔蓓回忆得更细一些：

“那还是上小学时，我们俩放假自己坐火车到彭水看爸妈，在路上要走几天几夜。记得有一次遇到了山体滑坡，将铁路给封了。当时，我和弟弟钱也用得差不多了，我们这一车的人在很小一个小镇上都下来了，有的就坐车回上海。当时同行的有一个解放军，我们就紧跟着他，他走到哪里，我们就跟到哪里。车上的小偷很多，解放军怕我们的东西被偷走，将我们安置在中间，他坐在旁边。就这样，我们一直跟到贵阳。有两个贵阳的叔叔到了单位给我爸爸、妈妈打电话，告诉他们孩子们从贵阳坐什么车到重庆，当时还没有直达彭水的火车，让第四勘测队的人到重庆去接我们。当时上火车时，人多得上不去，解放军硬是将我们从车窗上塞了进去。火车到了重庆，队上的人接到我们，电话告诉爸妈，他们才放心。到了彭水，他们俩一下子将我们抱住。我们和爸爸一起走时，爸爸就一直用手搂着我们。我们跟父母在一起的时间不多，每一次和我们在一起时，他们就把这一年的爱都给了我们。我爸没有什么话，他就是靠他的行动，比如你要啥，他就给你买啥。每次爸妈回上海探亲时，都买好多的东西，背得好高好高，如橘子什么的。我们每次到彭水，他们就到码头接我们；我们回上海时，他们又到码头送我们，一直到我们的船开得很远了，还一直在码头站着、看着我们的船，直到看不见。爸爸到上海时间比妈妈多，他一到武汉来开会，就再拐到上海来看我们。”



崔维还记得这样一个细节：“我们上学时最后一次回上海，他送我到车站。我说，爸，你别再送了，你回去吧。”

他说：“你们就这么走，我心里怎么这么难受。”

“还有一次，那还是我们很小的时候。有一次，父亲将我们带回丹江口，坐了几天几夜的火车。父亲全程都没有睡，而是让我们轮流睡，一个睡在硬座上，一个睡在他的腿上。已经不记得在什么地方，爸妈由于太忙了，将我们送到全托幼儿园，我和姐姐还来了一次‘胜利大逃亡’。但他没有责怪我们，总是以一种关爱的眼神看着我们。”

孩子们总想跟父母在一起，可崔政权他们真是做不到啊！仅仅是亲情分离上的相思之苦吗？更大的遗憾在孩子的教育上，这点崔维谈得更多一些。

“我和姐姐从小就在上海长大，太太只能管我们吃喝，别的就不多过问，我们就像野孩子一样，是放养长大的。所以，我父亲对我们总感到很愧疚，他喜欢读书，当然希望自己的孩子能上好大学。但我高考时，只差 3 分，英语没有考好，最后读了一个重点中专，姐姐也到武汉读了电大。他从来没有埋怨我们。我是 60 后，到了 30 多岁时，我还想读大学。我父亲就给他在日本的一个导师写了一封信，我就到日本去读。但我是以工作身份去的，身份不对了，最后也没有拿到正规的文凭。后来签证到期了，我再去签证，人家说你的签证与你以前来的目的不一样，不允许续签，最终也没拿到本科学位，我当时学的是计算机专业。后来，我回到上海，才开始工作、买房、结婚、生子，这就是我为什么这些都比同辈迟的原因。我和姐姐是放养，但从另外一个角度来讲，培养了我们的自立能力。随便把我们放在哪里，我们都能够生活。我到上海后，一开始是到国企，后来在万科也做过，还在南京待过六年。现在自己开了一个公司，从事对外贸易工作。我姐现在也做得不错，也是在中日之间做贸易工作。”

《了不起的盖茨比》一书的作者菲杰拉德在 1940 年左右给女儿写过一封信。关于生活态度，他说：“我从不责怪失败，生活中有太多复杂情况——但是我对不努力绝对不怜悯。”

估计这也是崔政权的心声吧！崔政权的孩子真的挺棒，给他们一个舞台，都舞动得很精彩。但崔政权总有一个遗憾，就是这姐弟俩没有一个接他的班，从事理工科工作。但他也知道，孩子们谁都比他们过得滋润。而孩子们都承认，他们永远超不过爸爸，尤其是比不过爸爸这种精神。

他们印象最深的都是崔政权的工作精神。如果说，有一类人是为工作而生，崔政权算上一个。“他实在是太累了，没有节假日，一天到晚就在工作，任何时候过年过节他都在干事，他陷到工作里拔不出来了，从来不说到哪里去玩，放松一下。”老伴徐凤芝说这番话时，不知是埋怨还是夸奖，恐怕兼

而有之吧！

儿子崔维就这样深情地回忆道：

“我后来在上海工作后，每年过年回武汉父母身边。我每次回到家里都看到我父亲一直在工作，一直在学习。在我的印象中，我父亲不善于言谈，是个一心为公的人。改革开放后，我就去了深圳，接触到不少香港老板，搞投资外贸。我那时挣的钱也不知高过我父亲多少倍了。有时候，我望着父亲忙碌的背影常常在想，他到底是为了什么？

“我有一次问我父亲：你那么辛苦，到底是为了什么？他笑笑，没有直接回答我的问题。他也没有说我赚那么多钱不对，或有什么想法，为之所动。他依然还是在看他的书，做他的事。

“当时，我怎么也想不明白，这是一种什么力量驱动他这样做。后来，我想明白了，这是一种情怀。为这个国家、为这个事业，他愿意奋斗，不像我们年轻人更多的时候考虑的是性价比，这件事我为什么做，做了值不值得，然后才做出愿意不愿意做的决定。他们那一代人是，只要自己生活够用了，他愿意为国家、为自己所做的事业多做一些工作。我们是想住更好的房子，开更好的车，而他们却觉得单位分的房子住着挺好。《东方之子》栏目组采访时，我父亲说过这样一句话：国家给我的已经够了。”

“以获得少、贡献多为荣”是上一代人的风格。

元代诗人翁森曾吟颂过：“蹉跎莫遣韶光老，人生唯有读书好。”崔政权对此感同身受。在家人和同事们的眼里，崔政权除了工作就是学习。谁都知道，他会几国外语，英语、日语是他自学的，俄语是他上大学时学的，他后来还自学了法语。熟悉崔政权的人都知道，这四国语言，他是如何刻苦学会的。

妻子说，老崔在家里，他除了看专业方面的书、写材料，就是学外语。

女儿说，我记得爸爸“文化大革命”挨整的时候，他就每天捧着日文版的《毛主席语录》看，造反派对他也无可奈何。

崔政权的小外孙女外语好，最后以高分考到了上海外国语学院，家里人谁都知道，外公是第一功臣。她才几个月大，妈妈崔蓓要到日本上学，就把她托养到外公、外婆这里。外公对她喜欢得不得了，一回来就抱她，她的外语启蒙教育是在外公怀里获得的。这次笔者在上海采访崔政权家人时，他的外孙女对笔者说：

“我四岁时，外公就开始教我外语。他一句句教，我就一句句学。

“外公学外语很刻苦，他是拿辞典一句一句背的。他放磁带给我听，我就坐在他腿上听，不懂的地方就问他。我很小的时候，他就给我买英语书，他教我，我也感兴趣。到他办公室，他在那里看图纸，我就在那里学英语。他主要教我英语，日语我是自学的。我也省心，而且会考试。他特别重视我的英文成绩，我考了第一名，他特别开心。他每次给我打电话，都用英文对话，锻炼我的口语。我的外语好，的确是外公的功劳。

“我小时候，他给我买了许多童话书，《迪斯尼》《格林童话》等。我喜欢看书，是他培养出来的，他培养了我一种阅读的习惯。舅舅很羡慕我是外公抱大的。舅舅好嫉妒我，说外公这样带你，培养你，我是他儿子，他都没有这样带我。”

是啊！崔维看到姐姐孩子如此好的成绩，尤其是外语成绩，真是百感交集，谁都知道在爸爸身边会成才，尤其在外语方面。他多希望时光能倒流，爸爸怀中的小孩是他呀！可他和姐姐几岁时就被送到上海，是因为上海的学校好。有一年，他们在彭水读了半年初中，崔政权每天晚上再累，也要辅导他们的功课。崔维多希望爸爸怀里也能抱着他的儿子！可惜，崔政权去世两年后，崔维的儿子才来到人间，连爷爷是什么样子都不知道。崔维说：

“如果有孙子的话，我爸爸他们会到上海来了。在我身上缺的爱，照顾不到的地方，他们会在孙子身上加倍补偿。”

崔政权在家里除了工作、学习，当然还要吃饭睡觉，就是话不多，但他绝对是一个好听众。妻子性格开朗，喜欢聊天，她的声音经常在家里从这个屋飘到那个屋，外面一些新闻都是妻子回来后讲给他听，他也习惯于妻子的唠叨。有时候，妻子不讲什么了，他反而会问：“你怎么不讲话了？”

妻子说："我讲你也不听，心不在焉。"

崔政权立马回答道："我听，你多说点，我听。"因为他也知道，没有妻子这点唠叨，家里如死水一潭，一点生气也没有。凭他这副沉默寡言的样子，搅不起一点波澜。再加上，他是爱妻子的，妻子不就是好唠叨吗？可她将他伺候得多好！他不爱在外面吃饭，没有妻子做得好吃。外面人都说他穿衣服有品位，那可是妻子搭配的。

徐凤芝说：

"别人都怕他，没有人敢跟他开玩笑。我说，我一点都不怕他，他怕我呀！他在家里什么都不会，离不开我呀！"

徐凤芝愿意为丈夫做一切，他是她心目中的男神，她在接受采访时毫不掩饰地流露出对丈夫的感情。

"老崔是一个多才多艺的人，还喜欢踢足球，会画画。他的二哥就是一位画家，对他有影响，简单的素描他都会，我们在学校出的黑板报都是他这个当老师的亲自画……他会吹口琴，弹扬琴，拉手风琴。他生前最喜欢唱《北国之春》和《迟来的爱》，唱起来是那么深情，每个在场的人都被深深地吸引。"徐凤芝夸起老伴来赞不绝口，毫不掩饰，他的确是工作起来特别优秀，玩起来丰富多彩，还有着较高艺术品位的人。

"年轻的时候，我们每到周末就去跳交际舞，当时别人都羡慕地说：他们这才叫两口子呢！

"由于老崔是少数民族的原因，他跳起舞来，手势、身段一出来就和普通人不一样。他既会跳舞，也很会带我。他的舞姿很优雅，国标和朝鲜舞跳得都非常好，真让我打心眼里喜欢！

"我们前些年到海南玩的时候，晚上出席舞会，我和老崔一上场，北京来的那几位客人说：你看人家崔大师两口子舞起来才叫亮人。

"那次一位大学教授还说：啊，那是你夫人，我还以为你带来了个大姑娘。"

那时，徐凤芝还年轻，打扮得还可以。那次穿着一件格子图案的裙子，中跟皮鞋，上身一件小马夹，外套一件米黄色的风衣，正好和裙子配上了。人家说：“你看人家穿的衣服就是有品位。”妻子也为丈夫增光添彩。

你说像这样会工作、懂艺术、有品位、令人尊敬的丈夫，当妻子的怎么不心甘情愿地与他长相厮守呢！

崔政权是一个表达感情细腻的人，他不善言辞，但对家人的爱都潜藏在行动里。

当妻子的感受当然是多多的。妻子说：

“他每次出差，我们俩都要拥抱一下。有人跟我开玩笑：崔总在外面可是有不少粉丝，你不怕他在外面有外遇。

“我说：有外遇算他有本事，我可对他一千个放心，一万个放心，他不是那种人。他非常自律，这点他做得非常好，他好像对我情有独钟。

“他工作那么辛苦，对我的关心一点没有减。他不管到了哪个地方，安排好了，每天晚上一定要给我来了一个电话：你一个人在家，不要穷凑合，要吃好一点啊！他知道，他不在家，我一个人就马虎一些。”

崔政权知道妻子喜欢吃螃蟹，每次从彭水出差到武汉碰上了，他总要买一袋；有时候还要背上两个大西瓜，不怕麻烦，只因妻子喜欢吃。

崔政权得意弟子、在万州担任地质工作站站长多年的王吉祥，作为旁观者也看到了这一点。崔总到万州后，本人很忙，王吉祥碰到两次都是崔总对他的秘书说：阿泰，你去帮徐阿姨去买买这；阿泰，你帮徐阿姨去买买那。作为一个男同志，像这样心细的人不多。

崔政权不止一次地对人说：“我取得的成绩，三分之一应该归功于夫人。”

他在《系统工程地质导论》一书的前言中写道：

“还要特别感谢妻子徐凤芝女士，她为SEG的研究和本书的撰写做了无私的贡献。”

这幸福的一对让多少人羡慕不已！

这类亲情的表露，崔政权的孩子们也感受多多，女儿崔蓓说起来就十分动情：

“爸爸做什么事都首先替别人着想。比如，我到日本后，经常给家里打电话，每次爸爸接到电话后，最多也只说一句话：‘我很好，你不用担心。’没别的意思，他主要是怕我多出电话费。

“爸爸实际上是一个感情很细腻的人，他最会选择表达爱的方式。我看《东方之子》节目时都哭了，因为他从里到外穿的全是我给他买的衣服，他也是穿给远在日本的我看的。

“他病后，我每次回国，事先都不告诉他，说回来就回来了。他要是知道了，十次有九次不让回，怕我们花钱……

“他爱我们，真不知如何爱，恨不得将一颗心掏给我们。

“我的小孩三个月放到武汉后，外婆做饭，外公一回家就一直抱着她，也不管有多热，要不就看着她。晚上睡觉，外公也抱着她睡。她从小就跟着外公、外婆长大，受外公的影响很深。比如，我们家只有两个喜欢吃辣的，就是她与外公，受外公的影响。她跟外公待在一起的时间更多。”



这点当外婆的也谈起：

“老崔只要在家，就一天到晚抱着我那个小外孙女，他是那么喜欢小孩子。别人看到后说：崔总对小孩那么地好。他的秘书邓永泰就说：‘崔总平常看起来是那样地严肃，可他抱起他的小外孙女来，就满脸是笑容，是那样地慈祥。’”

儿子崔维也感触很深：

“爸爸不会表白，从来不说我喜欢你们，我爱你们，他只会默默地为我们做些什么。那时，我们家还在汉口的刘家庙，住在七楼。我探亲回家时带了一个大箱子。他在窗户那儿看着我回来了，下楼后什么话也不说，扛起我的箱子一口气爬上七楼。那个时候，我已经20多岁的人了，扛着箱子上楼的事，应该我来做呀！可他话也不说，扛起箱子就上楼，我夺也夺不下来。

“每次回家，我还没有到家门口，打老远地就看见父亲站在窗前看着我们要走过来的那条路。后来，我们搬到协昌里，我们家在6楼。每次我们快到家时，都看见父亲在凉台等着我们，从未误过。我们到了家后，他又没有什么话说，就是转来转去。我妈就说，你们看，你爸看到你们回来了，他高兴得不知干什么好了。他不知用什么语言来表达，但从这些行动上来看，他真的非常非常爱我们。”

获得外公满满爱的外孙女最有发言权：

“外公看书时将我放到腿上，我喜欢吃什么，穿什么，他都记得。最温馨的是，外公回来，他就把我抱在身上看书，外婆在做饭，有一种很香的味道在屋子里飘浮着。晚上，他还带我去江汉路，还给我买比萨吃。他不像传统的老年人那样守旧，很时髦，穿着牛仔裤，特别神气。我外公能歌善舞，我们还一起去唱卡拉 OK。我小时候有一次过生日，买了一个大蛋糕还不够，还要。外公就依我，一口气给我买了三个大蛋糕，最后弄得整整两个星期的早餐才吃完了它。

“我放暑假后，他带我跑库区，到三峡老百姓家，老百姓都很喜欢他，围着他崔大师、崔大师地叫着。他带我往三峡跑得多，最远还跑到新疆。我玩够了，临到开学了，暑假作业没有做完。到了最后几天，外公、外婆、妈妈、舅舅一起帮我做暑假作业，并没有影响我的学习，我什么时候考试都能考好。我见多识广了，写作文的题材也多了。我跟着外公在外跑，学了不少东西，包括对世界的看法、待人接物的态度。我现在中东、非洲、美国，到处拓展业务，也能打局面，与外公培养有关。每到圣诞节，我外公就给我买一棵圣诞树，他让我从小就感受这样的氛围，我到现在还十分喜欢过圣诞节。

“我从来没怕过他，他对我一直很慈爱。他第一次去巴黎，我说我要洋娃娃。外婆还说大老远的，带什么娃娃呀！可外公回来时，硬给我买了一个大大的西式的洋娃娃。外公病时，我刚考上大学，我考上了上海外国语学院。外公让我填复旦大学，爸爸比较保守，说女孩子学个外语挺好的。我没有填复旦，考后分数超过了复旦。我如果上复旦，外公可能更开心。他也怪了我爸一顿，怎么不相信女儿呢？后来，我自学日语，他也挺高兴的，我将课本给他看了，他还说这课本挺难的。我有很多童年时与外公在一起的照片。他在家庭里是很温馨的一个人，谁都喜欢他。

“外公生过一回气。那是我把男朋友带回武汉，我陪男朋友在外面吃了饭才回家。回到家后，外公也不理我，我问：外公为什么生气？外公回答说：你来武汉是来陪外公的，不是来陪男朋友的。外公在等你吃饭。

“我知道，他不喜欢我那时交男朋友。外公觉得，我应该将他放在第一位，男朋友不应该抢他的位置，他太爱我了！

“外婆话多，总爱唠叨，这个老头子，如何如何。外婆是急性子，外公就是不紧不慢地让她说，但他们从来不拌嘴。”

小外孙女谈起外公滔滔不绝，看得出来她是那样喜欢外公，是多么地留恋在外公身边度过的日子，那些影响她一生的日子。

在家人眼里，崔政权的缺点与优点一样突出。他妻子说：

“从来不领工资，直到他去世，他都不知自己拿多少钱。我都怀疑他会不会到银行去取钱，他也没有时间，没干过。”

他女儿说：



“我爸爸在生活上是弱智。打我记事以来，爸爸在家里除了看书就是在那儿思考问题。你们说啥也不往心里去，提不起兴趣。可说起他的专业，他可以滔滔不绝。有一次想问题太投入了，他将放在牙膏旁边的药膏当牙膏了，漱完才发现味道不对，自言自语地说：怎么今天的牙膏味道不对呀？”

但在儿子崔维的记忆里却“顽固地”留下了爸爸干家务活的画面：

“不知是在彭水还是哪里做饭，那时还没有煤气，都是父亲生火，而且倒马桶这些事全是他的任务。在刘家庙的时候，妈妈让他扫地，他会认真地扫得非常干净。有一段时间，不知道大米怎么回事，里面有沙子，每次做饭时，我父亲都将米倒到一个盆子内，将沙子一粒粒地捡干净。”

这说明这个“家庭配角”还是会干家务的，只因为精力不在这方面，实践得少，能力有限，只能在低水平徘徊。

崔政权还有一个最大的缺点就是烟瘾很重，由于工作压力大，长年熬夜，他就用烈烟与浓咖啡撑着。他什么话都听妻子的，唯独这一习惯，徐凤芝硬是无法将它从丈夫身上掰下去，但崔政权在妻子面前还是很收敛的。

有一次，崔政权参加了奉节的城镇迁建安全评估团，因老两口年龄都大了，需要互相照顾，当地同意崔政权带妻子一同考察。一天晚上，奉节负责保障崔政权两口子用车的司机接到住在宾馆的崔政权一个电话：“小周，你赶快给我打个电话，说有事，让我出去一下，我的烟瘾又犯了，你徐阿姨不让抽。”

小周只好照办。

你说这猫捉老鼠的游戏徐凤芝怎么玩得过崔政权，她哪里是老头子的对手？在有些问题上，丈夫听妻子的话，不会错，尤其是涉及身体健康方面的建议。

但崔政权也没有办法，他那庞杂的工作量要获得超强的精力只能够靠烟和浓咖啡撑着。抽烟最终损害了崔政权的健康，超强度的工作会破坏人的免疫系统，最终为他引来了肺癌这个魔鬼，崔政权的这个最大“缺点”最终绊倒了他。

# 第十二章　一个令人心碎的生命句号

“鞠躬尽瘁，死而后已”，这句人们耳熟能详的话在崔政权身上真实地演绎了一遍，令多少亲人、同事们悲痛不已。

## 一、倒在西线调水考察线路上

说崔政权是倒在“西线”工程勘测路上，昏迷在“欧盟”项目结束前，这话一点也不过分。他是在南水北调西线专题考察还没有结束时倒下的，回到武汉在协和医院被确诊为肺癌晚期；他是在欧盟项目的进行过程中再次犯病的，住进上海华山医院后结束了人生的跋涉，是“鞠躬尽瘁、死而后已”的化身。

“南方水多，北方水少，能不能从南方借点水给北方？”这是毛泽东主席在60多年前跟长江委主任林一山说的一句话，具有诗人气质的毛泽东将“调水”形象地比作“借水”。为实现这个伟大的理想，几代中国水利人砥砺前行、前仆后继地奋斗了几十年。

南水北调中线、东线工程先后通水了，不将水调到有着更加广袤旱地的大西北，毛泽东主席的宏伟理想不能算最后实现。那可是最艰难的一条调水线路，如何跨越，至今还没有最后拍板确定，关键是线路难寻。至于有多少水利人在西线调水的不同线路上来回奔波过，现在没人统计也无法得知了。但有一点可以肯定，西线调水线路洒下了几代人的汗水。仅2004年4月，由水利部科技委组织的“水利部南水北调西线一期工程关键技术专题考察”，长江委就有崔政权与吴永锋两代勘测人员参加。

“是刘宁让老崔参加西线调水考察的。”连徐凤芝都知道他们这次西行的缘由。崔政权到哪里去都要跟妻子讲明去干什么，更何况这次是要往海拔近 4000 米的地方去。当时，刘宁还在水利部任总工，这位从长江委走到水利部的最高技术行政领导，在组织这次考察团的时候，崔政权当然成为他最重要的人选。他在长江设计院时，就已闻崔政权的大名，到水利部后更知道崔政权在三峡库区移民迁建时的建树。他希望借助于崔政权这一双慧眼，为西线调水选出一条最佳调水线路出谋划策。于是，刘宁总工点将要崔政权参加水利部科技委组织的“水利部南水北调西线一期工程关键技术专题考察”。当时，崔政权已是一位近 70 岁的老人了，上级领导这样重视他，他全然不顾自己的身体能否适应高原反应，欣然前往。吴永锋在《怀念崔总》这篇文章里，详细地还原了崔政权参加考察和在路途中犯病的全过程，表现来势汹汹的病魔袭击崔政权的同时，更再现了崔政权的坚持和顽强，还有浅浅流淌的同事情暖流，令人感动！文中这样写道：

2004 年 8 月中旬，崔总和我一起参加了水利部科技委组织的“水利部南水北调西线一期工程关键技术专题考察”。我们 12 日离开武汉到成都，先后经过九寨沟、川主寺、红原、阿坝，16 日来到壤塘县城，壤塘的海拔高程已经是 3200 多米了。17 日，从壤塘出发，溯玛柯河而上去考察几个勘察工地。那是一条简易公路，路况极差，一路颠簸，午饭就在勘察工地泡快餐面。那天虽说是个晴天，但下午开始时崔总就觉得不舒服，穿着厚厚的棉大衣还觉得发冷。傍晚回到壤塘县城，崔总走路都有些不稳，晚饭都没吃就躺在床上。到了晚上 8 点多，崔总又是发烧又呕吐。我们赶紧请来了县医院的医生给他打了吊针。当时，大家怕崔总是高原反应，经过研究后，决定连夜将他送到海拔低一些的马尔康。于是请来了救护车，由我、考察组的一位医生、黄委会的一位同志陪同前往。到达马尔康的时候，已经是第二天凌晨 1 点多。我们办好了住院手续后，护士不知从哪里推出了一个担架，我一看那个担架实在太脏了，上面有发霉的血迹。我想着崔总只有百来斤，住院的病房又只在二楼，

于是我就将崔总抱到病房里去了。病房是个套间，那天晚上崔总打了一夜的吊针。我在病房照顾他，困了就在沙发上打个盹。这件事对我来说本来是极平常的，换了其他人也会这么做的。没想到崔总回到武汉后，还把这件事告诉他夫人，并多次感谢我，反而使我怪不好意思的。早上，崔总显得精神好了一些，喝了点稀饭，我们扶着他去拍片子。在路上，他给我交代："小吴，我生病这件事千万不要给单位上说，也不要告诉你徐阿姨！"我答应了，但不明白为什么要这么做。估计崔总是怕单位和家人不放心、担惊受怕吧！

片子出来以后，医生说肺部有阴影，建议多住几天观察观察。但崔总说："我没事，我的病已经好了。五六年前，我的肺部就有阴影了，抽烟抽的！没事，没事！"我知道崔总主要是不想拖累大家。中午，考察组的其他人到了马尔康，领导到医院来看望他，并建议他在这里多住几天。崔总连忙说："我没事，没事，一点小病，已经好了。等会我就一起走。"他的态度很坚决。于是，我们只有去办出院手续，并带了一些药。吃过午饭，我们就离开马尔康，前往汶川。崔总是打着吊针坐到车上的。马尔康到汶川是山路，中间还要翻过 4100 米的鹧鸪山垭口。在鹧鸪山垭口，崔总下了车和大家一起合影留念，我还给他单独照了一张相。

傍晚，我们到达了汶川县的一个叫作古儿沟的地方，晚上就住在那里。晚饭后，崔总又有些发烧，我当心他的身体，就对他说："晚上我就和你住在一个房间，好照顾你。"他却连忙说："我没事。你昨天晚上一个晚上都没睡，今天应该好好睡一觉。你别担心，我没事。"那天，他比较早地睡了。晚上 10 点多的时候，我和考察组的几个人碰在一起，觉得我还是睡到崔总的房间比较保险。我们就给崔总的房间打电话，打不通，估计是将听筒摘了；打手机，是关机。于是，我们只有去敲崔总的房门，崔总将房门开了，却只开了一条缝，门上拴着链子。听说我们的来意后，崔总对我们说："你们放心地去睡吧，我没事。谢谢了！"

将我们拒之于门外。

第二天早上，崔总的精神又好了一些。我们以为他前两天的病确实是由于高原反应引起的。没曾想，回到武汉后，却确诊为得了肺癌。

崔总在武汉住院治疗期间，我曾到医院探望他。让我想不到的是，他把笔记本电脑带到了病房里，一边接受治疗一边还在工作。

吴永锋对这一过程的回忆到此结束了，可他讲的崔政权“一边接受治疗一边还在工作”又是怎么回事呢？

崔政权回到武汉后，独自一人去协和医院检查。很快检查结果出来了，他被诊断为肺癌，而且是晚期，孩子们也不在身边，检查结果也是他自己去拿的。后来，科研所的一个年轻人就责怪医生，你怎么将检查结果直接给病人本人呀？当时崔政权是什么心态，谁也不得而知了。徐凤芝手忙脚乱，赶紧给远在日本和上海的儿女们打电话。

听到这个消息，远在日本的女儿和在上海的儿子立即飞回武汉，崔蓓说：

“当时真害怕看他那双眼睛，他得到这个结果后两眼失望。他是一个非常好强的人，他不愿意承认自己得的是癌症。我对他说，你要相信科学，你的病会治好的，我们都爱你。现在马上住院治疗。”

最后，崔政权终于听话地安心在医院治疗了，可他却把手提电脑带进了医院，一有空就在那里敲打，因为他当时要完成一本书稿的写作任务。

得知崔大师得了最让人恐惧的病，同志们一拨接一拨地来到武汉协和医院探望他。时任长江委主任蔡其华、纪检组长陈飞一起到医院来看望崔政权，并与医护人员座谈，了解治疗情况。

“蔡主任，你看老崔病成这样了，还非要我把他的手提电脑带到病房，还不时地写东西，你说这人怎么这样不要命？”徐凤芝一看蔡主任来了，就赶紧在主任面前告崔政权的状，她多次劝说无效，也只好请领导帮忙了。

长江委“国宝”级的人物有好几个，崔大师算上一个。在蔡主任的眼里，崔大师的健康比什么都宝贵。在这点上，她与徐凤芝绝对站在一条战线。于

是，她就坐在崔大师床前，反复叮咛崔政权一定要安心治病，身体是最重要的，有了身体就有了一切。

“崔总，一定要好好休息，长江委的人都盼着你早日恢复健康……”蔡主任最后情真意切地劝说道。

到协和医院看望崔政权的何止有长江委的领导，他对三峡魂牵梦绕，三峡人也对他挂念万分。那里的领导只要是知道他的，也来看望。

孙开武当时是奉节移民局局长，是从长江委地质站得知崔大师得了肺癌，正在武汉协和医院住院，他们一下子惊呆了，这怎么可能？前不久还和崔大师一起进行奉节新城迁建的安全评估，他还是那样精力充沛，侃侃而谈，怎么一下子说病倒就病倒了呢？孙开武赶紧向县长陈孝来汇报。不多时，县长陈孝来、孙开武等立马从重庆坐飞机飞往武汉，到协和医院看望正在住院治疗的崔政权。已经不能手术的崔政权正在医院接受放疗、化疗，人显得更瘦了，面色蜡黄，没有一点血色，说话明显中气不足。但他思维依然敏捷，尤其谈起他们共同关心的话题，依旧侃侃而谈。崔政权对奉节的领导说：

“你们县城新城建设不会有什么大问题，但小问题是不可避免的……不同的地质条件，我们都提出了不同的解决办法，要严格按照执行。”

于是，他们之间就什么高边坡、高挡墙地聊开了。坐在旁边的徐凤芝发现丈夫似乎又回到了从前，她深情地望着丈夫，多希望他永远地一如从前，但陈孝来、孙开武他们的告别声将她的思绪拉回到现在。只见孙开武从包里拿出了几瓶“番茄胶囊”，崔大师那段时间正在吃这个营养补充剂，他望着孙开武问道：“你们怎么知道我正在吃这种药？”

孙开武说道：“我们来时咨询了好几个癌症病人，他们都用这个药，以表心意，愿您早日康复。”

“崔大师，您好好休息，您会好起来的。好了后，欢迎再到三峡来！”这是陈孝来代表三峡人发出的美好祝愿，但这仅是一厢情愿。

会好起来的，多少人在崔政权面前说过这样的话。可是，现实已经不可能了！

由于崔政权患的是肺癌晚期，加上年龄大，身体又不好，不能手术，只能采取保守疗法，大剂量地化疗、放疗，这对一位近 70 岁的老人来讲，简直是让他元气大伤。从一开始起，崔政权就对自己的病十分清楚，肺癌晚期意味着他的来日不多，他要与癌魔抢时间，无法休息养病。只要化疗、放疗一停止，他就接着工作，他是在以坚强的意志与死神抗争。医生尽管也反复制止，徐凤芝是看在眼里、疼在心里，更知道他是一个工作起来不顾一切的人，知道制止也无效，也只好在营养上对他进行很好的补充，让他恢复得快一点。他们对这个特殊的病人也没有办法，只好由他去。

化疗、放疗初见成效，每次做 CT 下来，看着病灶一点点缩小，徐凤芝真希望奇迹会在丈夫身上发生。经过治疗调养，崔政权的身体似乎恢复了一点，可他根本闲不下来，不听妻子的劝说，每天在书房电脑前写作十几个小时，用从来没有过的、近一年的休养时间，用一个晚期癌症之躯写出了数十万字的英文专著《立足地表变形信息的滑坡预报系统》。

出院时医生反复强调，崔政权的肺癌仅是初步得到了控制，还给他提出了许多辅助治疗措施，尤其提出了一定要好好休息，要静养。医生根据崔政权在医院的表现，就知道他根本做不到，但话要说到位，他们要尽到自己的职责。



崔政权将书稿完成后，就感到头部有时候有一种说不出来的疼，他自己分析可能是写报告累的，也没敢对徐凤芝说，怕她着急。这种头疼其实是可怕的癌魔死死缠着他，开始从肺部转向侵蚀他的大脑……

## 二、生命的句号画在了欧盟项目结束前

目标就像地平线，总在他前面。他像一片云，希望化为更多的雨，哪怕是吹散、消融自己。

崔政权不知道癌魔的行踪，但肯定感觉到身体的异常。否则，他在 2005 年接受欧盟项目、迎接新的挑战前决不会给当时的设计院院长写那封信，让我们再重温一下信里主要的一句话吧：

我这次去是冒着生命危险去的，但我一定要去，去为这个项目画上一个句号。

明知“冒着生命危险去的，但我一定要去”，也就是说，明知山有虎，偏向虎山行。这本身就体现了一个老工程技术人员对事业舍身忘我的精神，他在用生命诠释一个老党员崇高的精神境界，他更在用精神展现一个老知识分子拳拳的爱国之心。因为崔政权要画上圆满句号的这个项目，是一个为祖国争光的项目。

崔大师出院不久，他的那部在协和医院病中完成的专著就成为国家科技部和欧洲七国合作的“中欧科技合作第五框架计划”的重要内容，他本人还被邀请参加在当年 10 月在希腊萨洛尼卡举行的成果报告会。

事情是这样的。滑坡是水利工程的一大公害，国内外的一些大坝因为滑坡而造成垮坝或者成为报废坝的案例不少，像奥地利的瓦尼亚大坝刚建成不久，就是因为滑坡报废了。



如何解决世界水利这一大公害？由奥地利维也纳工程咨询公司（VCE）牵头，有包括中国在内的 7 个国家参加的欧盟合作滑坡监测项目也就因此而启动了，这 7 个国家每一个国家都要选一个滑坡作为一个试验点。我们国家选择的是三峡云阳的一个滑坡体，正好是在崔政权他们的监测范围内，中国项目总负责人自然而然地由崔政权担任，长江勘测技术研究所和武汉大学勘测学院作为项目的参加单位。

可崔政权毕竟是一个晚期癌症患者，大剂量的化疗、放疗，再加上病时又拼命完成了一部著作，崔政权已极度虚弱。妻子和同事们都担心他坚持不了这么一个远距离的活动，劝他不要去。

可崔政权太清楚了，这是一个有国际影响的、能充分在国际上展示我们中国技术水平的国际合作项目。崔政权如果出席会议，这个项目合作的成功性就更大些。

长江委出席会议的还有长江勘测技术研究所的高改萍等。他们走的前几天，需要到北京希腊使馆办签证。去北京的时候，高改萍就发现崔总有些不对头。当时正是金秋十月，天气还很暖和，可崔总坐在车上一个劲用热水袋暖着胃，话也说不清楚。细心的高改萍连忙问崔总：

“崔总，您怎么啦？哪里不舒服？”

“好像嗓子不太舒服，不过不要紧，没有什么。”崔政权答道。

“您的身体这样不好，我看您就不要去了。”高改萍建议说。

崔政权坚定地摇了摇头，但又难受地闭上了眼睛，什么话也不说。

崔政权回到武汉后，徐秀芝也发现了他的异常。她看着当时连话都说不清楚的丈夫，坚决反对崔政权到欧洲去，让崔政权到医院去看病。

“没关系，我可以去。这个项目太重要了，我不能不去，也就是十来天时间。回来后，我听你的话，马上到医院去。”崔政权不容置疑地说。

他历来对徐凤芝百依百顺，可这次却像头牛似的倔强起来，一定要去。没有比徐凤芝更了解老头子的了，只要是崔政权要办的与工作有关的事，你就是用十头牛也拉不回他，他就是这样一个工作起来不要命的人。

上次，崔政权从协和出院不久，在上海的儿子和媳妇一直说再过来看看爸爸。崔政权始终说自己还好，孩子们都挺忙的，不要过来。崔政权逝世后，儿子一直后悔得要命，认为如果他们过来了，当医生的妻子一定能发现父亲的异常。事后，徐凤芝仔细一分析，丈夫对自己身体的异常还是有感觉的，只是没有想到那样厉害，这是崔政权第二次在上海入院后一位与一起去欧洲的同行告诉她的。

崔政权的欧洲之行还是如期进行。“没想到，他这一去，真的是用生命为他热爱的事业画上了令我痛不欲生的句号。”徐凤芝在接受笔者采访时，是哭着说这句话的。

与崔政权同行的高改萍也一个劲地说对崔总的欧洲之行感触很深。整个会议、考察的行程安排得很紧凑，随行的同志们都没有想到崔政权的病情发展得如此迅速……现在提起来，高改萍还是记忆犹新。

“太快了，几乎是几天一个样。我们先到维也纳，崔总已经不想吃饭了，

清淡的粉只吃一点点。到了晚上，我们几个到超市给崔总买吃的东西，一样一点，然后拿到崔总房间去，他勉强又吃了一点。”

会议在希腊的萨洛尼卡举行，崔政权坚持到了会场。按议程，他这个总负责人先进行总体介绍，其他几个项目负责人再进行分别介绍。可崔政权已经不能介绍了，只能让随行的人代他发言。他一直用一个手绢捂着口，口里一个劲地分泌着长长的黏腥物，谁也说不清楚他当时忍受着多大的痛苦。

欧洲六国的滑坡考察开始了。每次到一个滑坡处，崔政权只能在下面看看，根本爬不上去。尽管如此，他拿出的结果让同行的人无不佩服。

一次，崔总他们来到了意大利北部的阿尔卑斯山，那里是滑雪者的旅游天堂，但有一个叫巴地亚的滑坡体非常大。高改萍是负责遥感技术的，她和几个年轻的同行一直爬了上去，想把这个滑坡体看个清楚。崔政权已经爬不动了，就站在车子旁边远远地朝滑坡体望去。

高改萍一行从滑坡体上下来上车后，就兴味盎然地开始了讨论，大家众说纷纭，意见一时统一不起来。崔政权看着这些喜欢探索的年轻人笑了。他拿出纸和笔来，很快把滑坡的剖面图画了出来，并讲了它的类型，这几个年轻人也只有佩服的份了。

考察团一行再到了希腊北部的海边城市，那是一座很美的城市，那里保留着几千年前的古希腊文明。会议安排代表们参观雅典古城，崔政权很想进去看看，但已经力不从心了。代表们都进去了，他只能在公园门口的椅子上躺下来休息。

到了意大利的佛罗伦萨的时候，崔政权觉得难受得坚持不下去了，于是在纸条上写了一行字，要求到医院去打针，进行消炎。

在意大利当地的医院，崔政权整整打了一晚上吊针。那位意大利医生问得很仔细，包括最近得过什么病没有？做过什么治疗？

崔总没敢说实话，他知道说了实话肯定不会让走，要留下来治疗。他现在还要随着大部队考察其他几个国家，他始终没有倒下，坚持考察完会议安排的所有滑坡。

采访时，高改萍给笔者讲了这样一件事：

那是在欧洲考察期间，他们抽空去了一个大型广场。他们到那里的时候，广场上空飞翔着许许多多的鸽子，不少游人亲热地给落在地上的鸽子喂食，好一幅人鸟和谐图。

突然，几个鸽子同时朝崔政权身上扑来，高改萍不知为什么眼泪刷地一下下来了，同时用照相机将这个珍贵的画面捕捉了下来。鸽子对一个陌生人是不会有什么感应的，可高改萍的眼泪解读起来却很复杂，里面是不是或多或少地包含着一种对崔总状况的担忧？她当然不可能知道癌魔在将崔政权往“天国”的路上拉，但只根据崔总一路的症状，总感到大事不好，让她一路上忐忑不安。

崔政权即使病成这样，他还没有忘记对家人表达爱。

崔维回忆说：

“我父亲的爱还延续到我爱人身上。他最后一次到欧洲，病成那样，还没有忘记给我妈买一个项链的同时，还给儿媳买了一个包。我爱人将这个包一直还珍藏着，舍不得用。”

外孙女也回忆起外公最后一次去欧洲给她买的东西，崔政权记着外孙女想要块手表，和他一起去的人回来就对她说：

“你外公病成这个样子，还非要到街上给你去买表。”

“外公给我带回来的表非常好，那个表上面是中国时间，下面是欧洲时间，我现在还保存着。”

考察结束了，崔政权他们终于回国了。崔政权一下飞机，就被送进了协和医院。没几天，他又被儿子接到上海，住进了上海最好的医院——华山医院。

可是，一切都迟了！崔政权这次彻底地败下阵来，他更没有想到自己再也不能走出这个医院。

崔政权一生好强，从不服输，他一生不知预测过多少个滑坡、泥石流等地质灾害魔鬼，但他预测不了自己身上潜藏的癌症魔鬼。他能战胜地质魔鬼，是因为他所具有的极强的敬业精神、扎实的业务功底与聪明的大脑等多方面

因素，构成了他坚强的识别系统，所以他在事业上是常胜将军。但他要获得这一切，是需要付出代价的，也就是说，需要透支心血、透支健康，甚至要透支生命，这又使他这方面的免疫系统极弱。所以在癌魔一次次袭击的时候，他总是如此地不堪一击。

经检查，癌细胞已转移到崔政权的脑部。尽管医院派出了最好的医生，动用了最好的医疗设备，用从瑞士进口的伽马刀一下子从他的脑子里挖出了多个肿瘤，而且切得干干净净，可还是迟了。医生说他的癌症已经到了晚期，手术后没几天，他的舌头已经开始下坠了，说话已不清楚了。

谁都知道，崔政权有一个令人羡慕不已、非常聪明的大脑；对他的事业来说，这个大脑尤其珍贵。可就在这个大脑里，癌魔竟然布下了20多个肿瘤，这是一个多么令人难以置信的数量和体积。生前，崔政权要付出多么大的毅力，才能忍受如此大的折磨和痛苦？这些对生者来说，已经是不可得知的了！

苏爱军对崔政权的感情就像儿子对父亲的感情。笔者在采访时，他对崔政权最后的时光有一段刻骨铭心的记忆，尤其是那个特殊的日子。



“崔总是我的父辈，在崔总去世前28天，11月16日，我还专门到上海华山医院去看了他。”讲到这里，苏爱军讲不下去了，眼泪顿时下来了。他站了起来，到房间拿毛巾擦了一下泪水，稳定了一下情绪，又坐下来说了下去。

“崔总头脑十分清醒，自认为会好转。崔总还对我说：‘等我好了以后，你陪我到三峡库区再去转转，我好想再去看看三峡。小苏，你说怪不怪，我眼睛一闭，三峡移民迁地的地形图就好像电影一样在我眼前飘。’”

苏爱军知道崔总还是放不下三峡，连忙安慰道：

“崔总，您就好好养病，各县地质工作站的年轻人都会好好坚守着，您就别操更多的心了。”

聊了一下，苏爱军怕崔总累了，就起身告别道：

“崔总，您好好休息，我先告辞。”

“小苏，你别走，咱们再聊一下，我还有好多事想问你呢？”

这时，徐风芝不想让身体极度虚弱的老头子说更多的话，给苏爱军做了个眼色，苏爱军站起来指着旅行箱对崔政权说道：

“崔总，您看！我也是刚下火车，还没有住下来。等我安排好了，再过来看您。”

第二天，苏爱军又到医院，跟崔政权又谈了一阵。崔政权已经吐词不清楚，但他谈的事都是跟苏爱军他们一起做过的事。所以，苏爱军听不清但能弄得明白，尽量回答崔总的问话，最后才依依不舍地告别，回到武汉。苏爱军真的没有想到那是他和崔总的最后一次谈话，已经过去十多年了，此情此景至今历历在目，难以忘怀。

何止是苏爱军去看他，不管谁去看他，他嘴里还“呜呜”地想谈工作，看望他的人都强忍着泪水和他说话，妻子只能躲在旁边默默落泪。伽马刀手术后，崔政权的大脑受到了严重的摧残，但他有一点始终没有遗忘，那就是他终生也割舍不下的三峡库区。

这天，头上还缠着纱布的崔政权对着医院白白的墙壁问着妻子：

“怎么墙上都是库区的照片和地形图啊！”崔政权上次曾对苏爱军也谈过同样的幻觉，他是多么想回去啊，他有好多事还没有做完啊，有那么多的不舍和牵挂。

妻子一听，泪水一下子就下来了，她知道老头子太想回他魂牵梦绕的三峡库区，他还有太多的事情没有做完，还留下了那么多的牵挂。

“老崔，这是病房，不是办公室，哪里有库区的照片和地形图啊，这是你大脑里出现的幻觉。不要瞎想了，静心养病，你一定要好好地活着！你可是已经和我有约，到 80 岁以后就彻底放下工作，陪我在上海生活。那时候，我们一起手拉手地在阳光下散步，到公园里跳舞，重温年轻时候的浪漫。你可要挺住啊！”

崔政权没办法不想，他有太多未尽的事要做，太多应该交代的事要交代，要不然躺在床上的他为什么手里总是握着手机，总好像要给谁打电话，可他已经打不出任何电话了。他曾费力地对前去探望他的领导说：

“假若上帝再给我五年时间，我会把欧盟的合作项目做得更好，因为这关系到国际威望啊！”

崔政权的确有太多的割舍不下。儿子崔维在病床前照顾父亲时就发现了这样一个细节：



“我父亲最后到了上海治疗，躺在床上已不能动了，手里握着手机还想打电话，看着他的嘴一直在蠕动，但已经听不见他在说什么了。他真是一直在工作，直到他不能说话为止。最后走的时候，他想说什么，但什么也没说出来。”

又过了几天，张庆峰也到了上海医院，崔政权已经时而清醒，时而糊涂了。张庆峰与崔总连话也没对上，是带着无限的遗憾离开崔总的，他也没想到这竟是永别。

崔政权对家人有那么多的牵挂，他还想用最后的力气关爱家人。

他外孙女回忆时说：

当时，外公刚到上海住院时，我每一个星期都去看他。在病房里，外公睡一张床，我和外婆睡一张床 。有一天晚上，他担心我们冷，非要将他床上的被子给我们一床，我们不要，我说：

“外公，我们不冷，你盖吧！”

可外公还是拿出全身的力气将被子扔到我们床上，他都病成那个样子了，还关心我们。

有一天，崔政权醒过来，突然问外孙女：“你想买的大衣，你外婆给你买了没有？”

“就这么一点小事，他都没有忘记，直到要离开我们了，还在挂念着我。”外孙女说。

外公爱她的故事太多了，外孙女跟外公在一起的日子真是幸福满满，她真成为天底下最幸福的外孙女了，因为她有最喜欢她的外公，对她最好的外公！

又过了几天，崔政权已经完全说不出话了，但他的头脑一直很清醒，他给孩子们一一写纸条嘱咐他想说的话。他给姑娘是用日文写的，给儿子是用中文写的，跟小外孙姑娘用英文写的，内容是好好照顾你妈妈，好好工作诸如此类的。有的纸条内容写得看不清楚，但孩子们都好好珍藏着，这是父亲或外公对他们的绝笔！

儿子无比动情地说：“我姐到日本去了，我也在上海买房了，我和我姐想把他接到上海生活。可我父亲退休后，还一直在工作。每次一打电话，他就到了库区，你想让他到上海来，他总说没有时间。后来，我和我姐就商量等他做不动了，就接他到上海来养老。没想到，到他做不动的时候，却真是在上海躺下了，直到离开我们。”

长江委也在竭力挽救崔大师。最后，他不能吃任何东西了，营养药二十四个小时吊着。他一直到走时，脸色还不难看，营养不缺，徐凤芝发自内心地说：

“长江委对他一点也不薄！”

徐凤芝回忆起最后的日子：

老头子依赖我哟！他在上海生病的一个多月里，我一天也没离开过他。后来，我累得都要倒下去了。我儿子说，不行，妈要请一个人，否则你要累垮的。那天，姑娘和儿子都在医院。到了晚上，孩子们说：妈妈，你回去睡

下吧，你太累了，这里有我们呢！我回到浦东家里刚睡到两点多钟，儿子来电话说：

“妈妈，爸爸走了，他走得很平静！”

亲人们最终在与死神的争夺战中败了下来，眼睁睁地看着它将亲人从自己的身边拉走，也无可奈何。崔政权当时身上已插上了尿管、食管等各种管子。到了最后那个晚上，呼吸不行了，医生提出要切开气管，俩孩子不同意，太残酷了。他们认为爸爸不是去世，只是凋谢，凋谢应保存他的完整；他们更想让父亲更有尊严地走，女儿一直认为爸爸去了天国。

有多少人希望崔政权去了天国。但愿有天国，因为天国有鸟语花香，有楼台亭阁，有小桥流水，更有日月照明。崔政权还可以在一片碧蓝的天域间漫步，有白云环绕，天鸟引路。如果他走累了，还可以到吴刚的桂花树下休息一下，看玉兔嬉闹，吴刚一定会捧来桂花酒让他品尝的。崔大师，安息吧，您只有到了天国才可能真正地好好休息，但愿如此。可这恐怕也很难做到，因为您是一个为工作而存在的人，天国里还有您要做的工作吗？

# 第十三章　向远在天国的崔大师汇报

崔大师去了天国，他的身后留下了许多人绵绵不绝的追思。薪尽火传，精神不衰。他的后人与同志们继承他的遗志，创造了令他欣慰的业绩。崔大师，他们都想向远在天国的您汇报，但愿这些喜讯能传到您那里。

## 一、由想念变为绵绵追思

爸爸是握着女儿的手走的，崔蓓拽也拽不住，不管她是泪水长流，还是呼唤不已，不管她有多么不舍。回到日本不久，崔蓓就含泪直书《寄给天国我父亲的一封信》，曾在《大江文艺》上发表，她在信上说：

> 您还有这么多的事业，您还有这么多的愿望，您还有这么多相处朝夕的好友，您还有相伴半个世纪的我的妈妈——您怎么也舍不得这个世界，怎么也舍不得离开山清水秀的三峡事业……但是，您被迫去了天国，去了您不愿意去的世界。

崔政权的得意弟子吴永锋在那篇回忆文章里这样写道：

> 我想，那个世界里如果真的有天堂和地狱的话，崔总一定是在前往天堂的路上，因为他这辈子做了不少好事，做了不少功德无量的事。他的灵魂也一定离不开他日夜牵挂的三峡库区。

一个是亲人崔蓓，一个是同志吴永锋不约而同地提到了“天国”或“天堂”，尽管提法不一样，但他们想象的是同一个地方。真的有那个美好的地方吗？但愿有。他们的心声应该代表了亲人们和同事们的心愿，希望爸爸或自己

的老总长眠的地方不应该太差，因为爸爸是那样好的父亲，老总是那样好的领导！

崔政权的追悼会就在上海举行。长江委专门派纪检组长陈飞到上海主持追悼会，与他同去的还有不少崔政权的同事和好友。早已退休的中国工程勘察大师、综勘局原局长陈德基也自费飞往上海向老战友告别。苏爱军12月5日上午坐着车往下一个移民新址奔时，从手机里得到不幸的消息，综勘局办公室通知他6日去上海参加告别会。十几年时间过去了，这个时间他还记得清清楚楚。吴永锋也记得清清楚楚：4日早上十点钟左右，他们在三峡库区的巫山县城对岸的大宁河左岸，和岩土公司的几位同志正走在前往一处库岸勘察工地的路上。王吉祥接到了一个电话，然后对大家说："让我们沉痛悼念崔总他老人家吧，他今天早上去世了。" 崔政权的弟子们对他是多么依依不舍。三峡库区不少县都发来了唁电，或委托人买了花圈敬上，以表达他们哀思。



人在世上走了一趟，在他告别人世后，总有人习惯地要问：他是得什么病去世的？

"我老崔是累死的，他干工作太拼命了！"崔政权爱人徐凤芝更了解他不知白天黑夜、不论节假日和公休日的连轴转，所以她不止一次地对笔者这样说过。

"崔总是累死的。"那还是10多年前崔政权刚走时，高改萍在接受笔者采访时候也这样说过。

"有时候，我觉得，为了事业，崔总简直是在透支生命，熬尽心血。否则，他不会走得这么早。"吴永锋也是这样认为。

亲人与同志们都这样认为，尽管说法不一样。

是的，崔政权实在是太累了，他不是在工作，而是在拼命，在透支健康，最后在透支生命。他第一次倒在了南水北调西线调水的考察路上，第二次倒在了欧盟国际合作项目的过程中，再也爬不起来。从此，他告别了热爱他的亲人、与他共同奋斗的同事，更告别了让他付出生命、但依依不舍的事业。

崔政权用自己独特的生命气象诠释了什么叫奉献，什么叫价值，什么叫有意义的人生，要不然他怎么会给生者留下那么长长的思念。

有人走了，就像往池水里扔下了一块石头，尽管池水激起了波澜，但很快恢复了平静；有人走了，可所造成的影响像河水的波澜，不停地往前推进，谁也不知要走多远。崔政权始终在延长着人们的思念。多少年过去了，笔者采访当时分管移民工作的长江委领导傅秀堂副主任时，他还记得崔政权的很多事，还记得崔政权被评上“优秀三峡工程建设者”后，时任国务院副总理邹家华亲自给他颁奖。

与崔政权朝夕相处了大半辈子的妻子，不知为他流了多少泪。“老崔刚走的那半年，我都过不去了，见到人就哭。后来，我女儿劝我：人走了，这是一个自然现象，拉不住，可别哭坏了身体。过了半年，我才走出来。”但她在承受着无比悲痛的同时，也为他感到无比的自豪和骄傲，她不止一次地对别人说：

“老崔是个追求卓越、勇往直前的人。他在人生的每个阶段都在不懈地学习、工作，并且都取得了杰出的成绩，实现了他的人生价值，用生命证明了自己的学识和人品。”

儿子崔维直到笔者这次采访他，还在思念绵绵：

“现已十几年了，情绪应平静一些，但想起父亲到现在还很难过。我很遗憾父亲没有看到他的孙子，他去世了一年多以后，孙子才出生。我父亲生前，湖北电视台为他拍过一个专题片，我就给我儿子看。我儿子没有见过他爷爷，我认为他对爷爷不会有什么感情。结果，儿子是一边看一边在哭 。我想，一方面是为爷爷的事迹所感动，另一方面还是血缘关系的原因。当时儿子有 10 岁。我跟儿子谈爷爷谈得不多，因为一谈就很难过。他看了以后，自己从网上百度里再查爷爷的事迹。他在作文里写爷爷，老师对这篇作文的评价还很高。”

崔政权的外孙女说：“外公过世后，我刚开始是很伤心地在想他，现在想到外公的时候是很温馨地想。我有时候觉得他在天国看着我们。”

崔政权的外孙女也提到天国，她也认为爷爷住在那里。凡是做过对人民有益事的人，人们都会记住他的；凡是曾与他一起为了事业克难攻坚、摸爬滚打的同志们，也不会忘记他的。尽管崔政权再也不会回来了，人们总觉得应该为他再做点什么，而且借他的形象为世人留下点什么，要薪尽火传，精神不衰。

人最好的一面，往往需要别人来发现。陈飞从上海主持了崔政权的追悼会回武汉后，总觉得还有什么事没有做完，当然更多的是对这位在一起工作几年老伙伴的追念。回过头来再看崔政权工作的一生，一直在执着地前行，如此地波澜壮阔！古稀之年的崔总罹患绝症后仍坚持工作，直到生命的最后一刻。身为长江委纪检组长、直属单位党委书记的陈飞时不时地也被感动着，这个人太不简单！崔政权不就是我们身边的优秀党员干部吗？这个典型有推广的价值。于是，他向长江委党组建议，应该在全委党员范围内宣传、推广学习崔政权这个典型，并要求长江委文明办、党委宣传处组织撰写崔政权的先进事迹材料，领导接受了他这个建议。2006 年 6 月 29 日，长江委直属单位党委向全体共产党员发出了《关于开展向崔政权同志学习的通知》，时任长江委主任蔡其华在崔政权先进事迹报告会上这样说道：

“崔政权大师是我委党员知识分子中的杰出代表，他把自己毕生精力和才智都献给了长江水利事业。回顾他的一生，无论是做人还是做事，都是我们学习的榜样……”

崔政权的妻子冷静地对笔者说：

“那次会议上，蔡主任对老崔的评价太高了，他也没有达到那样高。说实在点，老崔这一辈子只不过体现了他的价值，做了一个好人，有用的人。”

这还不够，长江委领导们认为崔政权的先进事迹还应该让水利系统更多的人知道，应该成为全水利系统学习的榜样。2006 年，长江委党组拟文《关于建议在全国水利系统学习宣传崔政权同志先进事迹的请示》，向水利部党组推介了崔政权同志先进事迹。做这样推介工作的还不止长江委一家，每个单位都有自己的典型。同年，黄河水利委员会也向水利部推介了黄河水利委员会（简称黄委）优秀水文工作者谢会贵的先进事迹。水利部文明委派人到长江委、黄委考察，认为这两个典型人物值得在全国水利系统推广。

2007 年 4 月，水利部文明委发出向谢会贵、崔政权学习的通知，并利用网站、报刊、书籍、光盘和图片展等多种形式宣传他们的先进事迹。2007 年 7 月，水利部追授崔政权同志为“杰出水利科技专家”的荣誉称号。

水利系统相关单位调动多种手段，让水利人更好地了解、学习这两位典型。中国水利职工思想政治工作研究会专门组织了“谢会贵、崔政权先进事迹巡回报告团”，在全国水利系统巡回做报告，徐凤芝也成为报告团的一员。7 月 2 日在水利部机关举行了首场报告会，部党组书记、部长陈雷听了首场报告。报告团的成员都从不同的方面介绍了先进人物的事迹，徐凤芝强忍着悲痛诉说真切的感受，感人肺腑，打动了全场的听众。陈雷部长在报告结束时，对全国水利系统开展向谢会贵、崔政权同志学习的活动提出了明确的要求。报告会结束后，水利部机关公务员代表向报告团的成员献上了鲜花。长江委报告团负责人马秋生动情地对报告团其他几位青年人说：

“这鲜花与掌声实际上是献给崔大师的，我们是沾了崔大师的光，他做得比我们讲得更好。我们的任务就是宣讲好，将崔大师的事迹宣传好。”

部长做了指示，水利部有关部门，认真地做了安排，到各地演讲的巡回报告团都由司局长带队前往，最终也获得成功，相关媒体做了这样的报道：

> 由部文明委组织的谢会贵、崔政权同志先进事迹报告团，用一个月时间，先后到北京、天津、广州、上海、南京、西安、武汉、郑州等水利干部职工相对集中的 9 个城市做了 10 场报告，行程 15000 多千米，有 8000 多名水利干部职工现场聆听了报告团的报告。长江水利委员会汉江集团利用有线电视连续两天向全市播放了报告会的实况录像。到主会场参加报告的人员还尽量安排得有代表性，他们分别来自汉江集团，

中线水源公司，水保局丹江水资源局，汉江水文局，设计院丹江公司，湖北省水利局在十堰、襄樊、丹江地区的8个单位。黄河水利委员会除了在委机关设主会场外，还在大河上下设11个分会场，共有5000名职工一起聆听了报告团的报告。这是多年来全国水利系统宣传规模最大、参加人数最多的一次巡回宣讲活动。

报告团所到之处受到了广大干部职工的热烈欢迎，绝大多数单位一把手都参加了报告会，可见重视程度。报告会场座无虚席，井然有序，很多同志被先进典型的事迹感动得热泪盈眶。

由于让徐凤芝做宣讲，每讲一次，她都悲痛一次，对她的身体极为不利，她当时也是一位60多岁的老人。报告团于是启动了第二套方案，让马秋生代她宣讲。报告团到丹江宣讲是由时任水利部人教司司长刘雅鸣带队。马秋生宣讲完后，刘雅鸣情不自禁地对马秋生说：

“你讲得太好了，太感人了，讲得真好！”其实，她俩心里更明白，是崔政权的事迹感人。



受感动的何止是水利职工。报告团在南京做报告后，宾馆服务员来到徐凤芝的住处，拿着笔和本子说：

“徐阿姨，我听报告都哭了。崔大师的事迹太感人了，请给我留言，我要更好地工作。”

在长春的报告会场，不少与会者被感动得流泪。会场上的服务员是一边倒水，一边跟着会者落泪。听完报告后，不少同志都由衷地感叹道：

“这是多年来听到的最真切、最感人、最难忘的一次报告会，想不到先进人物就在我们身边，这么普通，这么平凡，这么可亲可敬，这么可信可学。”

当时就有人在网上搜索“崔政权”三字，到当年8月3日止已经有9570篇相关网页，可见当时关注与传播之广。

同年11月22日召开的全国水利精神文明建设工作会议上，部党组成员、中纪委驻水利部纪检组组长张印忠宣读了部党组《关于授予谢会贵、崔政权同志荣誉称号的决定》：

为进一步表彰和鼓励先进，充分发挥模范典型的示范引领作用，水利部党组研究决定，授予谢会贵同志“模范水文标兵”的荣誉称号，追授崔政权同志“杰出水利科技专家”的荣誉称号。

从那以后，一个学习谢会贵、崔政权同志先进事迹的热潮在全国水利系统兴起，崔政权被越来越多的水利人知晓，也成为更多人学习的榜样，成为年轻人“人生的楷模，事业的典范”。现在三峡库区工作的年轻水利人一听到谁夸奖他越来越像崔大师了，就认为是对他最大的褒奖。

但无论人们怎么追赶，似乎只能望见他的背影，这样的大师不是那么容易产生，需再努力。多希望在崔大师的影响下，在不远的将来，从水利系统会走出更多的“崔政权”。我们的事业需要崔政权，呼唤崔政权。当更多的“崔政权”走出来的时候，水利的明天会更美好。

## 二、向远在天国的崔大师汇报

这绝不是题外话。

崔政权直到离开人世前，魂牵梦绕的还是三峡。在那里，他洒下了太多的汗水，留下了太多的故事，刻下了太多的牵挂。现在的三峡会是什么样的呢？有多少过去到过三峡的人还在关心，有多少从来没有去过三峡的人好奇。崔政权一直在梦三峡，那可是他至死还魂牵梦绕的地方，真应该向远在天国的崔大师汇报，在经他拍板选出的地方建设成的新三峡是什么样的呢？

先看看官方的验收成果。

2015 年 10 月 10—11 日，在万州举行国务院长江三峡整体工程验收委员会移民工程验收组第二次全体会议，审议“长江三峡工程整体竣工验收移民工程验收报告（审议稿）”。

时任国务院三峡办陈飞副主任在 11 日上午做了“长江三峡工程整体竣工验收移民工程验收工作及验收报告情况汇报”，他在汇报中总结道：

验收结果表明，移民安置规划任务全面完成，累计搬迁安置城乡移民 129.64 万人，复建各类房屋 5054.78 万平方米。迁建城市 2 座，县城 10 座，集镇 106 座，搬迁工矿企业 1632 家。

…………

城镇迁建按照迁建规划，结合城镇化进程，吸引社会资金，整合各种资源实施，12 座县城（城市）迁建及 4 座半淹县城（城市）旧城功能恢复规划任务全部完成。

集镇迁建。按照迁建规划，结合国家加快小城镇建设要求，整合各类资源实施，106 座集镇迁建及 33 座半淹集镇旧城功能恢复全部完成。

…………

完成二、三期地灾防治崩滑、滑坡治理 435 处，塌岸防护 254 段 168 千米，搬迁避让 6.89 万人；已建崩塌滑坡专业监测 255 处、群测群防监测 3098 处，监测预警系统运行正常。



…………

移民迁建区地质总体安全，迁建选址总体合理，地灾防治和高切坡防护成效显著，监测预警系统有效运行，生命财产和水库运行得到有效保障。

整个验收是全方位的，我只引用了与城镇迁建有关的内容。用数据和概念说话的报告很枯燥，但它毕竟是一个个实物演化而来的，闭眼将它们演变成一个个场景，真是很让人振奋，它可是所有移民工作者（包括崔大师）和广大三峡人民及全国前来支援三峡建设的劳动者共同努力的成果。

陈飞主任的汇报讲完后，专家们自由发言。傅秀堂作为验收组的成员也出席了会议。这时的傅秀堂已是位 70 多岁的老人，卸下一切职务，但有两个称谓是可以陪伴他终身的，这就是移民专家和“中国作家协会会员”。当时，他已出版了《扬帆集》《弄潮集》两本散文集，第三本散文集《三峡大移民——时空隧道穿越记》已经完成。专家兼作家的语言就很鲜活、精彩：

> 三峡工程是一项世人称美的伟大的民生工程。记得20世纪80年代，三峡工程正处于论证高潮，一位西班牙学者说，三峡工程是上帝对中国的恩赐，三峡工程是对贫困的挑战，而贫困是最大的污染。一个月前，我在有关会上说过：三峡工程美国工程师主张搞，苏联工程师也主张搞，历届政府主张搞，蒋介石主张搞，毛主席主张搞，只是限于当时的财力和技术水平，百年梦想迟迟未能实现。只有到了近30年的改革开放时期，咱们在中国共产党的领导之下，把GDP搞成第二了，才把宏伟的三峡工程建成了。作为一个前半生搞三峡大坝设计，后半生搞三峡移民规划的三峡工程建设者感到无比高兴。20世纪参加过三峡工程和南水北调移民论证的美国移民教授说，中国水库移民政策和实践是当今世界最好的。昨天上午，我们去万州参观，果如其言，移民安置区高楼大厦林立，江上风光旖旎，堪与纽约和夏威夷媲美。上个月，我刚携妻从美国旅游回来。美国的经济比我们发达，但纽约与夏威夷的高楼大厦都老旧了，而我们却勃勃生机。总之，我们的三峡移民是成功的，同意通过验收。

傅主任讲这番话时是2015年，我写这本书时已是2019年了。三峡城镇建设热潮始终只涨不跌，城市每天都不一样。我这次要到三峡库区采访前，吴永锋就对我说：刘老师，你真应该再到三峡去看一下，三峡现在建设得可好了！

耳听为虚，眼见为实，去后真让人感到不虚此行。习近平总书记提出的“扶贫开发”的战略目标是“两不愁，三保障”，即“不愁吃、不愁穿”“义务教育、安全住房、基本医疗有保障”。三峡人借助于国家之力，借助于三峡工程之力，将一座座现代化的新县城在崔大师等选出的地基上稳稳托起，实现了“三保障”中住房保障这一目标。安居才能乐业，三峡移民城镇迁建工程为三峡地区的扶贫开发做出了突出贡献。

我这次去采访，仅去了奉节、巴东、秭归、石柱四个县。无论到哪个县，当地政府都派人带我参与了一个保留节目，那就是“逛新城”。这绝对不是显摆，作为一个客人，完全体会得到主人的自豪感与幸福感。眼前的一座座新城，几乎都是在这次三峡迁建过程中拔地而起的。也就是说，是在崔政权等人选择的新址上建设起来的。由于采访任务在身，到哪儿也仅是走马观花。尽管如此，我还是情不自禁地直呼："大美，现代新三峡！"

我这次最直接的感受首先是交通的便捷。最早一次去三峡是20世纪80年代，坐船从宜昌溯江而上到重庆，硬是在三峡里走了近十个小时，船还在万县停了一夜。尽管修了葛洲坝后，几个险滩已被淹没，但还是不能夜航。后来，修了三峡工程后，我又有了机会到三峡，有了升船机，万吨船队都可以直接到重庆了，我们也坐船直下，时间大大缩短了。现在除了游客坐游轮观三峡两岸的风景，一般的人都会选择陆路进三峡。我这次去三峡，无论是从宜昌到巴东，还是从巴东到秭归，或是到重庆万州，都是坐火车或汽车，在车上也仅用了三四个小时。



所到的任何一座县城给人的感觉都是袖珍版的内地二三线现代化城市，傅主任还认为万州可和夏威夷媲美。我将在奉节县城当天的日记披露一下，是我眼中三峡代表性县城的一个素描：

我坐的大巴长途车将我从重庆拉到奉节长途汽车站后，按照长江委长江岩土工程总公司奉节分公司经理闫志刚的安排，我住进滨江国际欧亭酒店旁边的王豪酒店。

刚将箱子放好，县移民局副局长程功勋的车已在门口等候，我和闫志刚坐上他的车，他就让司机带着我逛新城。后来，易名龙告诉我这是在我去奉节之前，他跟程副局长商量好的一个内容，可见他们对此次采访是如此重视。

程副局长带我一路看，一路进行讲解，口才极好，一路上几乎滔滔不绝，有些内容已揉进第三章里，还有些遗珠再捡一下。

车子将我们带到一处，只见眼前一条小河从我们眼下流入长江，程副局长告诉我那就是朱衣河，他说：

“奉节主要有一江四河：靠近老县城的是梅溪河，紧邻新县城的是朱衣河。奉节没有通自来水时，奉节老一辈子的人都到长江或梅溪河里取水，我是土生土长的奉节人。20 世纪 70 年代，老县城有了自来水买水站，从 1976 年开始我就去买水站挑水。后来，1980 年我去读书时，我 1969 年出生的弟弟说他来试一下，这一试又挑了好几年，才通自来水。新县城的供水问题也是崔大师帮我们选新城址时需要考虑的一个问题。”

经过奉节长江大桥到县城的对面，他对我这样介绍：

“整个奉节县城大概分为三个台阶：第一个台阶大概海拔 190 米，主要是沿江。新县城建设初期，部分道路也很窄，最窄的地方只有七八米，最宽的只有十来米，目前沿江的道路整个都整治了。第二个台阶是 300 米左右，县城的政治、经济区主要在这一台阶上。第三个台阶大概在 450 米处（他手指的那个山上）。我们在崔大师选出的新址上建设，奉节县城最后是分台阶、分片、成组团似的布局。也就是沿江、带状似的组团，老县城现在剩下很少一部分，通俗地讲是一个中心八个基本点。”

到了能看到夔门地方，程副局长骄傲地说：

“夔门是长江三峡的起点又是终点，重庆市的市标就是用的夔门，夔门不仅是中国的夔门，也是世界的夔门。”

我以远处的夔门为背景，他拿手机给我拍了一张相片。

考察到梅溪河大桥时，他说：

“现正在修郑万高铁。刘老师，高铁修好后你再来时，从重庆到奉节只要两个小时，在 2022 年通车，可能还会提前。如果这样的话，从武汉到奉节也只要两个多小时，到北京是五个多小时。”

整个考察下来，完全颠覆了我 20 世纪 80 年代到白帝城游玩时看奉节时的观感。每到一处观景点，出现在我对面的是一片片山城重庆的局部浓缩版，

现代化城镇的精华版，而且各具形态。“新”是其最显著的特色，这一片片新楼、新房的历史最多也就一二十年，显得是那样青春亮丽，生机勃勃，一如早上八九点钟的太阳。新三峡的城镇还是在山区，但它已彻底改变了人们对山区的印象。

车子载着我们似乎多是走在第一、二个台阶，因为每到一个观景点，都有一种居高临下的感觉。行到一处，程副局长指着一个码头前的水域对我说：

“你看那里，底下就是旧县城的房子。”

程副局长还曾指着对面一段库岸的印记对我说：

“你看，三峡工程蓄水 175 米水位就淹到那里。”我顺着他的手指的方向看去，只见上面都是青苔，岩缝里还倔强地长着小草。

我当然无法透过江水看到水下的世界，那里曾是何等模样？有纵横交错的街道，错落有致的房屋，它们有的可能存在了上千年，一代又一代三峡人曾在其中上演一幕又一幕波澜壮阔的戏码。直到三峡水库蓄水，演员撤走，有的道具还顽强地挺立江水里，形成了新的地下龙宫，不知能否吸引水下的虾兵虾将。那是一片多么神圣的领域，毕竟人类曾在那里生活过。我当时一想起这些，就对这片水域行起了注目礼，崇敬之情由油然而生。

“你好，旧县城，向你敬礼！”我心里默念道。

为国家三峡工程做出贡献的何止是三峡人，还有沉入江水中的那片土地，它们早已化为不灭的精魂，与三峡永存。

要问奉节这座县城给我最大的视觉冲击力是什么？“叠加”——道路叠加，建筑叠加，设施叠加。

我住的酒店位于整个城市的第二层，最底下一层是商店。我从滨江国际欧亭酒店旁边的一栋楼进去，坐电梯上到四楼，是一个大平台，从大平台穿过去，才进到王豪酒店大堂。住进去发现房间不大，但设施应有尽有。

我放下箱子，打开窗帘朝外望去才发现，这儿真是一个闹市区。从我站的这个房间可以看到这座县城是立体的，分三到四层，也就是说城市布局叠加，是典型的山城城市布局。

就拿我住房对面来说吧，与主干道平行的是奉节商都等一排大商场，上了立交桥第二层又是一排繁华的街道，不仅有新世纪、国美这样的大商场，还有肯德基，比萨这样一些小洋饮食店。马路对面还有宜宾燃面、綦江米粉、辣巴客、老麻抄手、乡村木桶饭、成都家常面、馋嘴花甲、狗哥羊杂、小黎烧腊、角头龙虾、兰州拉面等风味小吃店，以川味为主，也不乏其他饮食流派的涉入，真丰富多彩！这一层、二层上下都靠一个扶手电梯连接，就在我所处的楼房窗外底下，从最底层走到第二层或从第二层下到最底层的人们都在靠它，反正我眼前的人们在络绎不绝地上上下下，其他地方肯定有楼梯连接。我就寻思着，这每天要多少电呀！我好奇，想看看我住的上面有什么。

我从住的四楼坐电梯上到最高层 13 楼，走出去一看，哇，上面竟有一座“彩云公园”！公园盘山铺设，亭台楼阁散落其间。沿着公园狭窄的人行道向前行走，最抓我眼的是围绕每棵树用红黑蓝相间的马赛克做的大圆坛。圆坛做得很宽，不少游人坐在上面看书、看手机、聊天，十分怡然自得。再往前走，看到一个创建文明宣传牌，上面写着：与党同心，感恩奋进。三峡靠着移民迁建的好政策，将破旧的县城葬入江底，县城建设进入现代化，三峡人是懂得感恩的。我心里一边琢磨着，一边往前走。走了不远的左边一个往山上的指示牌写着：通往永安镇。这种城市布局的立体叠加是所有山城共同的特征。

第二个就是设施叠加。比如说酒店吧，我住的酒店对面那三十层高楼内，也就是国美商店的上面，有夔苑酒店、海悦酒店、梦巢酒店、馨女斐主题酒店、汤清品酒店、嘉年华世纪酒店，还有一个骄阳兰酒店。这么多酒店集中在一个楼内，它们倒相安无事地各揽各的客，各唱各的调，只是让我们这些外来客不知进哪一家为好。从我住的酒店出去就是第二层的街道，商店一个接一个的，有服装店、化妆品店、鞋店、副食店、美容店、小饭店，反正二三线城市有的商店，这里的人们只要想到，几乎都开设了。

“袖珍”是奉节设施布置的又一个特征。比如说儿童设施吧，我沿着这条街道走到尽头，一块三角形空地被开辟成儿童乐园，在橡胶充气的滑滑梯、

蹦蹦床上，气球池内孩子们正撒着欢地玩着。我所在窗前、矮我一层楼的一个平台上的街心花园如此袖珍，但绿黄相间煞是耀眼，这是一号茶苑所在地，里面是一小间一小间的隔室，是品茶聊天的好处去，但也袖珍得可爱。出了茶苑旁边有一个不大的三角平台，主人在上面排了两张桌子，一张是麻将桌，另一张是吃饭的圆桌。我到的那天，仔细地关注了平台上的动静。天一黑，那张围着麻将桌打麻将的人就撤了，可围着那张吃饭桌的人直到晚上九点多钟才离开，是家人还是朋友，不得而知。和他们差不多时间撤的还有对面第二层上的小火车。晚上华灯齐亮时，对面国美商店前不大的平场地前，一辆带着彩灯的小火车就开了出来，它载着满车的孩子在打转转，不知载了几回客，直到快 9 点，才再也没有看见它的踪影。过去都说三峡人是山里人，可生活在新县城奉节人的生活完全可跟二三线城市人的生活相媲美，他们享受的生活，这里也不缺少。

后来，我从闫志刚处得知，我住的这一片地方是三马山和头河片区的交界，叫李家大沟。顾名思义，这里过去可是一个大冲沟啊！也就是说，我眼前的一片是在一个大冲沟的地方建设起来的。崔政权在选址时，每年光到奉节就三到四次，他肯定知道这条大冲沟。不知老年时的崔政权到此一游过了没有。

李家大沟位于新县城三马山小区，居新县城中心地带，是规划的新县城范围内规模最大的一条冲沟，这条大冲沟域地质条件复杂，滑坡、泥石流等不良现象极为发育。通过综合治理后，李家大沟除了上段已建成的人民广场、人民大会堂、商业步行街等建筑物外，自 2008 年以来又在大沟中段建设了餐饮一条街，大沟下段临江处修建了夔门广场、滨江国际商业住楼和绿色鲜花大道；桥上、桥下、桥周边已连成一片，成为奉节新县城集商贸、文化、金融、购物、休闲、消费为一体的最繁华的城市中心。

从《奉节移民志》中得知，奉节人光为整治这个李家沟就投入了 1034 万元，前期治理工程仅修的涵洞就达 1400 米长，全是钢筋混凝土结构，混凝土量为 1.2 万立方米。

崔大师，这些成果是奉节人在您选出的地方取得的，如果您现在能来看看这条冲沟的变化，该有多兴奋！

奉节新县城仅是三峡诸多新县城的一个代表县，李家大沟也仅是诸多整治工程的一个缩影。兴建三峡工程，三峡人为国家做贡献，国家也为他们的付出给以回报。三峡建设为他们带来了巨大的资金进行新城建设，为他们的新城镇提前进入现代化带来了机遇。也可以这样说，三峡大坝的兴建，加快了三峡沿线城市进入现代化城镇的速度，加快了消除贫困的速度。

三峡库区新城镇蓝图已在两岸山区展开，两岸山上已建起了一座座现代化的小城。在云彩的映衬下，天国也不过如此。三峡人怎么能不感谢为他们选出一块块新城址的以崔政权为代表的地质工作者们呢。

“崔大师，真想请您在天国里睁开眼，好好地往下看一看，分享下我们居住的幸福感，绝对能给您带来成功的快乐。崔大师，您能听见我们的呼唤吗？”这是三峡人民最想对崔大师说的话，真希望能借这本书捎给远在天国的崔政权。

何止是三峡人民，女儿崔蓓在崔政权去世不久曾给父亲写过一封信，这次乘我出书之际又书信一封，想借着这个载体寄给远在天国最想念的父亲。

爸爸：

您好吗？

已不想记忆起父亲离开我们的那一天了，那一刻实在是太沉重了，不想回忆是因为我的生活中父亲没有离开过一天，就像一阵清风每天都围绕着我们。

我的工作桌前，放着父亲的照片，每天都和父亲道安，每天爸爸都切切实实地伴随着我的生活。

记得1993年我离开上海踏上了赴日的路程，目标盲目的我只身一人开始了新的学习之途。

父亲只是默默地告诉我，你的房间一直给你留下，想家了就回来。

父亲的倔强不服输的性格其实在某种程度上遗传了一点给我，小时候被迫和父母分开生活的日子，无意中培养了我自信自强的韧性。我在日本广岛大学法律民事诉讼专业边学习边有意识地广交日本朋友，不长的时间就被几所公民馆聘为中文老师。虽然来日时间不长，且语言也未达到精通的地步，但凭着大胆的性格，将自己每天的生活推进到充实和快乐的境界。

我就这样从毕业到进入公司工作，共持续了20年。

20年的日本公司就职，从中积累了丰富的经验。父亲一直在说，只要不懈地追求和努力，任何时候你都会走上成功之路的，这句话成了我的座右铭。5年前，我成功地成为一名经营者，开辟了新的人生之路。

过去已经过去，前面的路一定还会有不少坎坷，我会不断地学习，不断地研究，不断地进取，不断地挑战新生事物。

我相信有一天我们还会快乐地团圆。你的后代虽然没有接你的班，但是每一个人都会精彩地走出自己的人生之路，没有后悔，不用后悔，每一步只要脚踏实地。



父亲，有了你的守候才有我们今天的幸福，我为父亲你自豪，父亲也一定会为我们的今天欣慰。我们每天都会有很多的故事向你倾诉，你一定还是和以前一样静静地听，静静地微笑！

那就是你，永远无法忘记的父亲——崔政权。

崔蓓

2019/8/31　广岛

儿子崔维在上海接受笔者采访时谈得还要多、还要直接：

我现在想起父亲还很难过。我不光佩服父亲，还尊敬他。如果让我重新选择做我父亲儿子，我小的时候会选择待在他身边。上海尽管条件好一点，我也会待在他身边，会获得父爱。父亲的人格魅力的确很高，无形之中就会对我产生影响。我现在一提起我父亲还心存遗憾。再来一次，我绝对不会离开他。我在上海买了房子，就在世纪公园边上，父亲都没来得及享受，就离开了我们。我还没有来得及跟我父亲好好地聊聊天。我真希望能看到父亲抱着孙子坐在太阳底下喝咖啡，父亲喜欢喝咖啡，我家附近有好几家咖啡馆。他一直那么拼命地工作，同志们都说真正走起路来都走不赢他。他说走就走了，我真没有想到会这么快，一点心理准备都没有。我和我姐就商量等他做不动了，就接他到上海来养老。没想到，到他做不动的时候，却真是在上海躺下了，直到离开我们。

崔维讲到这里，我追问了一句："如果你们接爸爸到上海来养老，他在上海能待得住吗？"

"不可能，绝对不可能。人家一个电话来了，他马上又会走了。"崔维想都不想就答道。他太了解爸爸了，爸爸生命中最重要的是工作，否则不会倒在工作中。

爸爸多才多艺，声音好，唱歌好听。值得崔维欣慰的是，儿子不仅学习好，还有一副好嗓子，参加了上海少年广播艺术团的表演，这点遗传了爷爷的基因。

崔维还告诉我：儿子现在很乖，现在经常说："爸爸，我爱你！"

"我也会说，我也爱你。我知道，如果现在不说，以后想说，就没有时间说了，比如我现在想对我爸说，他已听不到了。现在的社会是，你要有爱，你就说出来。我儿子跟我的关系最好，但也最怕我，因为我管他很严。我希望我父亲在我身上的希望能在他身上实现，我也希望我父亲在我身上体现的爱，我要在他身上体现出来。"

崔维在最后结束采访时说：

"我坦率地说，我父亲这类人才能称得上是专家，他是从基层做出来的，是想为这个国家多做事情、做好事情的人，不在乎有多少钱，这才是真正的专家。他们这一代人不可复制，关键是他们这样的人有情怀。

现在为什么提到中国梦，如果没有梦和理想，就不可能像他们那一代人那样去做事情。我为父亲骄傲，父亲是我一生的骄傲，我对儿子说起爷爷时更骄傲，儿子也开始为有这样的爷爷而感到骄傲。”

崔大师，崔维说的这些话，远在天国的您也能听到吧！他自己也开了一家贸易公司，干得风生水起，您的儿女们虽然都没有接您的班，可做什么都会很优秀的。

远在天国的崔政权大师，您听到以上这些汇报，应该感到欣慰和满足吧！

向远在天国的崔政权大师汇报完，这本书应该画上一个句号了，它已讲完了“一个人与一个库区”“一个人与他的一生”两个人生故事；它只想让人们记着，有一个叫崔政权的人到人世间走了一趟，并留下了深深的脚印。他深深地热爱为之奋斗过的江河、为之奋斗过的三峡库区、为之服务过的三峡人，他同样深深地爱着自己的同事和家人。

落叶被风带走了，它对生活过、亲吻的土地说：我爱过你。

2019 年 12 月 5 日

# 后 记

写完《勘察卫士崔政权》最后一个字，感情的潮水应该退了下来，但好像还有话要说。

我接触崔政权应在 1994 年，他被评为中国工程勘察大师，领导让我根据他的事迹写一篇报告文学，好好地宣传一下。宣传长江委第一位中国工程勘察大师陈德基的报告文学是我写的，领导将此任务交给我，情有可原。就这样，我走近了崔政权。《他给三峡移民找一个安稳的家》发表后，不仅获得湖北省“楚天杯”报告文学一等奖，还获得第二届全国水利艺术节文学大赛报告文学一等奖。不是我写得好，而是我沾了题材的光。这类题材无论放在谁手上，都容易出彩。

第二次写崔政权是在他去世以后，那一次可是我主动的，谁也没有向我约稿。我将上述原稿扩充了许多内容，文章标题也做了改动，即《人生的楷模　事业的典范》，此文粗略地浓缩了他的一生。作品也没有发表过，而是收入我出版的报告文学集《群星闪烁》之中，而且放在第一篇，这已是 2009 年的事了。

这是第三次写崔政权。长江水利委员会 2020 年 2 月成立 70 周年，长江出版社策划为两个院士、一个大师各写一部长篇报告文学。于是，从 2017 年 6 月 20 日开始，我先后到上海、三峡采访，启动了这部长篇报告文学的写作任务，一步步沉入崔政权一生素材的深水区。

这几个月，我似乎又同崔政权在一起了。写作的时候，我的心灵时不时地被感情的潮水撞击着，多次眼眶湿润。崔政权虽然离开我们10多年了，可他还活在大家的记忆里，活在大家的言谈中，更活在大家的心里。

搁笔前总想为他再多说两句。长江委成立70年优中选优的几个宣传典型为何有他，他的行动给予了最完美的回答。

谁的人生都有长长的因果链。由于崔政权一生最出彩的阶段在三峡库区，我一改按一生顺序的写法，先将他的出彩段在上篇隆重推出。写完这篇最大的感受是：谁把三峡人的事放在心上、落到实处，三峡人就会把谁记在心里。他进三峡时，大志于心；由于事办得好，大善于行，唯善事不可磨灭。他的行动，实际上是对三峡人因爱而延伸的表达；三峡人的回应，实际上是对崔政权因情感而沟通心灵的表达。由于崔政权在三峡步步留痕，他的精神终可在三峡长久留存。

崔政权的71年，是春华秋实、夏繁冬丰的71年。他为何能做到让人景仰？因为他无论是工作或生活，都能拥有自觉的认识，真诚的情感，高尚的旨趣，雅正的趣味，宽阔的胸襟和强健的精神。他对事业的匠心追求，更凸现出知识分子对国家、对人民的赤胆忠心，更是对共产党人生动形象的诠释。我以展示他丰盈的生命气象为荣。任何一部作品对作者来说都是遗憾的艺术。如果崔政权还健在，我了解到的素材会更丰富，对他事迹的叙述会更丰盈，人物形象会更丰满，本书的内容会更丰厚。一想起这些，我就怀念几次接触、采访崔总的时光，对此只能深表遗憾。虽笔力不及，但诚心可鉴！

要感谢一切配合我写作的人，许多人已经在作品中提到，但还有不少幕后的支持者。陈飞同志认真审阅了全书，他亲自把关，我很感动。吴永锋副总工也在百忙之中逐字逐句修改了一遍，我为他的真情而感动。我的领导易文利更是给我提供条件，让我写作期间专心致志只做此事。感谢长江出版社为本书的出版做的大量工作。我还要感谢崔政权的家人，尤其是徐凤芝同志的全力配合。由于奉节章的内容比较庞杂，我还专请移民局原副局长程树勋同志为我把关。在写书的过程中，我还时常用电话咨询奉节移民局的张克振同志，在此一并感谢！

最后，我要感谢崔政权，他让我又经历了一次精神洗礼！

2019年12月16日

图书在版编目(CIP)数据

勘察卫士崔政权 / 刘军著.
—武汉：长江出版社，2020.4
ISBN 978-7-5492-5969-4

Ⅰ.①勘… Ⅱ.①刘… Ⅲ.①报告文学－中国－当代
Ⅳ.①I25

中国版本图书馆CIP数据核字(2020)第057052号

勘察卫士崔政权 刘军 著

责任编辑：邱萍
装帧设计：汪雪
出版发行：长江出版社
地 址：武汉市解放大道1863号 邮 编：430010
网 址：http://www.cjpress.com.cn
电 话：(027)82926557(总编室)
(027)82926806(市场营销部)
经 销：各地新华书店
印 刷：武汉精一佳印刷有限公司
规 格：710mm×1000mm 1/16 13.75印张 4页彩页 198千字
版 次：2020年4月第1版 2020年8月第1次印刷
ISBN 978-7-5492-5969-4
定 价：68.00元